きもの歳時記

山下悦子

CCCメディアハウス

きもの歳時記　目次

装丁／名久井直子
装画／福田利之
校閲／円水社

春

三月

袴《はかま》

いきいきと三月生る雲の奥　　龍太

歳時記は、春からはじまる。

新年は年の初めで〝新春〟〝初春〟の季語はあるが、全身に春の感じられるのは三月。立春前後は光だけが明るく春で、如月《きさらぎ》――着更着ときものを更に重ねる二月は、まだ冬のさなかである。

ゆきつ戻りつした春の気配が色濃くなるのは、草木が彌々《いよいよ》生い出る彌生《やよい》で、この月は若人《わこうど》の月ともいえるだろう。

ことに、三月も半ばをすぎると、街角に袴姿の学生が見うけられる。卒業式に向かう女子大生である。たいていは色無地紋付に紺の袴で、やや高めに袴紐を結びたれ、きりっと後ろあがりに着付けた姿は凛々《りり》しく、こういう恰好をしそこなった私は足を止めて見とれるほどだ。

袴は男性でも女性でも、裾《すそ》短に着たい。ぴちっと足にあった白足袋の、皺のない踝《くるぶし》のあたりが見えるほどの短さである。きものも羽織も後ろ下りに着付ける和装のなかで、袴と帯だけは前よりも後ろが上る。前は足の甲にかからぬのがよく、ぞろりと長いのはみっともない。

したがって袴の丈が重要なのだが、後ろ下りになる原因は、帯や帯結びにもよる。

袴下の帯は細帯か、博多の半幅を一文字結びにし、その上に後ろ紐の腰板をしっかりのせると安定する。

どうせ袴をはくからと伊達締めだけでは止るところがないから、後ろが下るばかりでなく、脇の笹ひだの間からまる見えでみっともない。

女子の袴は、高松塚古墳の壁画に見られるスカート状の裳《も》をその源流とするか、この裳が次の平安時代に腰の後方へ飾りとして残ったためあらわれた長袴をもととするか、が考えられる。平安貴族の女房装束の小《こ》袿《うちき》や袿に組み合わされていた緋の長袴は、その後簡略化されても鎌倉から室町へかけての〝小袖袴〟——白の小袖と緋の長袴——として、雛人形の官女の姿のように残った。

同じ上古の男子の〝衣《きぬ》褌《ばかま》〟が、肩衣と袴となって近世から現在まで形を変えながらも続いているのに対し、女子の袴は打掛《うちかけ》小袖《こそで》姿《すがた》が普及すると絶えてしまう。これは女子の袴が、特殊な階級のみに止まって、一般にはひろまらなかったからでもあろう。

ふたたび女性に袴が用いられるようになったのは、明治以降である。明治維新は、武家社会や鎖国の終《しゅう》焉《えん》であるばかりでなく、服装の上にも一大変革をもたらした。男子の紋付羽織袴が慶弔両用の礼装であり、女子は五つ紋付江戸褄模様の長着と丸帯が慶事、弔事には黒五つ紋付と黒の帯付姿が一般のきまりとなった。

この女子の礼装にかわるものとして、式典などの際に紋付羽織と袴、または紋付の長着と袴が準礼装として用いられたのは、職業にもよるが、男子の羽織袴の影響でもあったろう。

一方では袴は式典の際ばかりでなく、男女の学生の制服、象徴として用いられている。男子学生や書生の小倉の袴、女子学生の海老茶の袴などがそれである。これらは男子礼装の襠《まち》有《あり》袴と異なり襠のない行燈《あんどん》袴といわれて、裳を連想させる形である。


頼んで書いてもらっておいた亡父の昔語りに、大正はじめの頃の学生風俗が記されている。北海道から上京し、早稲田大学の英法科の学生だった父には、浅草の娘義太夫も活動写真も、牛鍋やの米久も、神楽坂のミルクホールも、神田劇場の女優劇も見るものすべて珍しかったらしく、「東京見物」と一章に書きまとめてある。

「学生の服装は平素和服で、古く日やけした黒紋付の羽織に袴で、帽子は髪油でピカピカ光って居るのが得意な時代であり、本やノートは懐中に入れ、インキ瓶は袴の左上の紐に結びぶらさげ、ペン軸は学帽の右上前バンドの間にはさみ、板裏草履をはき、雨の日には番傘をさして居たか朴歯《ほおば》の高足駄をはき、カランコロン歩いたものである。

此の頃から学生は久留米絣の着物がすたれ銘仙絣を着、之が一時流行した。

跡見女学校では紫色の着物に袴で袖は長くなりつつあり、矢絣にカシミヤの袴の女子服とあり、淑徳女学校の如き一本筋の袴の下方に白い紐を着けた」（以上原文のまま）

明治二十九年生れの老人が、五十年前の記憶をたどっての話である。

大正六年に県立松江高女を卒業された稲川義子氏は「木綿の色絣の元禄袖に、海老茶の袴。

きものは立涌《たてわく》の模様などで、メリンスを着ている人もいた。海老茶の袴には裾から十センチほど上に白線がはいっていて、学習院の中等科へ行っていた姉と同じだった。県立だから質素だったが、東京の姉は銘仙を着ていた」と語る。日本史年表によれば、明治二十八年には「高等女学校規定を定める」とあるから、この頃から女学校は一般的に広まりつつあったらしい。

大正末に深川の女学生だった女性はこう説明してくれた。

「私たちの女学生時代はジャンパースカート。ベルトに一高と同じ三つ柏のバックルをつけて。小学校の時は紡績絣って、椿の模様なんかついている羽織とお対を着せられたわ。たぶん女学生が洋服になったのは、大正十二年の関東大震災の後でしょう。それでも跡見高女は海老茶の袴に紫の銘仙で、お盆でとったような大きな丸みの元禄袖が羨ましかった」

この海老茶の袴に三つ編みにして頭の上でまとめた恰好は『ハイカラさん』の歌にも出てくるし、紫式部をもじって「海老茶式部」といわれたことも聞いている。

女学生の制服が、セーラー服やジャンパースカートに変っても、女の先生の紺や紫の袴、宝塚の緑の袴は戦前の記憶として残っている。

私が袴に対して哀惜の念を禁じ得ないのは、終戦直後亡母の形見の袴を、惜しげもなく切りきざんでツーピースに直してしまったことと、大学を中途で退学して、袴をはく機会を自ら放棄してしまったからである。

若い年頃というものは〝いま〟しか見えないのだろうか。

「春宵やロビーに若き立姿」と眺める私には、愁いばかりが深い。

〝花に嵐〟のたとえもある。

「人生即別離」の意味を知ったとき、〝一期一会《いちごいちえ》〟や〝残心〟のこころが生れるのだろう。

はきもの考

大通りを下駄をはいて通っていく人がいる。朴歯らしいから学生だろう。

いまひとつ明るく冴えた音がしないのは、歯の太さが違うからなのだろうか。それとも春先のくぐもりにさえぎられてのことか。

下駄の音が珍しいようになって、ずいぶんと時が経った。ふだん着にきものを着る人が少なくなったのと、道路や住居が変ったためだろう。

このあたり駒場の隣で、戦前は朴歯に黒のマント、三つ柏の徽章と白線のついた学帽の一高生が闊歩したところである。その姿に幼い憧れの視線を走らせたものであったが、彼らはマントの肩をそびやかしながら、目もくれなかった。

去年の駒場祭には、たまたま電車を待つホームで名物のカッパ踊りを見かけたが、ふだんは時計台の下の校内にずらりと車が並んでいて、一高もずいぶん変ったとおもう。

男ならば柾目《まさめ》の通った桐下駄に黒や焦茶の鼻緒の悠然とした歩きぶり、女ならば白木のふだんばきをちょこっとつっかけて小走りにお使いに、という姿も見られない。

鎌倉彫の沈んだ漆に大まかな彫りあとを残した女物の塗り下駄、同じ女物でも青みをおびた杉の渋い生地のほっそりとした角切《すみ》り、角型の焼杉の木目を目立たせた大ぶりの庭下駄、螺鈿《らでん》の美しく光る津軽塗りと、下駄には生活の背景がある。

掌《てのひら》にのるような朱や黒塗りの台に、小紋の鼻緒がちょんとすげられている子供の遊びばきは、その丸みが可愛らしくて、手にとると離しがたい。

黒塗りの前のめりの小町下駄に、手入れのよい素足がくっきりと映えるのは、ゆかた姿の女っぷりを一段と上げる。

雨の日には高歯と日和《ひより》をはきわけたものだが、歯の薄くて背の高い高歯をはくような場所《ところ》はない。木も、作る人の技術ももろくなったのだろうか。いつか横断歩道の真ん中で、高歯の歯がとれて、往生したことがあった。

それ以来、歯の太いのを心頼みに、日和ときめているが、華奢《きゃしゃ》な薄歯はコンクリートの固さに堪えられないのだ。


雨の日にはく下駄なのに、なぜ〝日和〟というのだろうと不思議に思っていたら、天気のよい日でも泥道の用心にはいたためにつけられたという。

つねにきものの私でも、下駄をはいて歩くことが少なくなった。ひとつには外出用の草履のお古を下げてふだんばきにしているからで、下駄は雨の日に草履をいためないためにはく。

日和に爪皮《つまかわ》の足ごしらえをしても、安心はできない。一歩ドアを開けて足を踏み出す前に、さあ、滑るぞと身がまえる。よく磨かれた廊下や階段を、つんのめるまいと足に力をいれる。足に力をいれて均衡を保つと、膝が曲る。前かがみに腰が曲る。全く見られた恰好ではない。コンクリート長屋の外へ出たとたん、いまいましさのいりまじった緊張から開放されてほっと体勢をととのえるが、それでもいそぎ足に歩こうものなら、びんびんと一足ごとに頭に響くあたりの強さだ。

土の上を歩くのは、年に数回の墓参りの時くらいしかなくなった。雨の日に泥だらけになる足袋の憂鬱さをまぬがれたのは有難いけれど、同時に、あのぽくぽくとした足あたりの和やかさも失われてしまった。

コンクリートよりも、まだ、大理石や石畳のほうがあたりが柔らかい。草履をはいて歩き回っても疲れなかったヨーロッパの都会は、人の歩く道は石畳であった。我われよりも生活の中で皮靴をはく時間の多い彼らは、新しい道も石畳にしている。

静岡県の登呂遺跡から弥生式土器時代の、いまとさして変らない下駄が発見されているところから、農耕民族の必要な生活具としての田下駄がそのはじまりとの説もうなずける。

同じ中国から渡来したはきものには、この田下駄のほかに、沓《くつ》（靴、履）といわれる上流階級のはきものがある。深沓《ふかぐつ》といわれる短いブーツに似た主に革を材料とする系統と、浅沓《あさぐつ》といわれる木をくりぬいたスリッパ形式のものに大別される。〝沓擦《くつず》る〟という沓をはいてすり足に歩く作法まで生み出した貴族たちも、本音はこの浅沓での動きはままならなかったのだろう。『年中行事絵巻』の蹴鞠《けまり》の姿には、浅沓を紐でくくった姿が見られる。

深沓は武官、浅沓は文官の束帯のきまりで、形、素材によってこまかく名称がわけられている。

足裏を保護し、二本の鼻緒に指をつっかける草履の原型は、大昔も今も変りはない。単純な形のものほど、長い年月に堪えて生き残る要素が大きいのだろう。一時姿を消した藁《わら》草履も、故郷志向で民芸品売場などにぶらさがっているが、その歩きやすさと解放性をそっくり真似したのがビーチサンダルである。

高温多湿な気候のもとで、素足に下駄や草履の快さは、時代が変っても同じ魅力なのだろう。我われにとっては、何気ない親指と人差指の間に前緒をはさんで歩くという動作が、ほかの国の人には珍しいらしい。そういえば、つっかけて歩くことに変りないサンダルもスリッパも、前緒はない。しかし、前つぼに据えられたわずか二センチほどの前鼻緒に、日本人のきめこまかさがこめられているような気がする。

草履は音をたてないで歩くもの、下駄は音をたてて歩くものである。ぺたぺたと足音をたてて歩くのを、冷飯草履といって嫌った。同じ前緒をはさんでの足運びでも、わずかな加減できまる。

のどかなそぞろ歩きの下駄の音は、足首や躰の緊張を解きほぐすだけでなく、心の屈託も追いやるようだ。かたかたと小さな足音でそれとわかる子供、心せくままの前のめりの足音。律義さは足音ばかりでなく、歯のへり具合にもあらわれる。同じ「からん、ころん」でも、『牡丹燈籠』の下駄の音は怪談に凄みをそえる。

下駄はまた、平和の象徴でもある。集団には結びつかない特性がある。集団といえば、どうしてもあの靴音を思い出さずにはいられない。ある夏の夕方、街なかでの軍靴の音にふりかえった私の目に野営から帰る兵隊たちの重い足どりが映った。先頭に立って号令をかけたのは、兄のように慕っていた遠縁の青年であった。彼は幼い私に気付くと、恥ずかしげな笑顔を残して去っていった。その青年は、戦争が終っても帰って来なかった。

付け下げ

〝付け下げ〟というきものがある。着たときに、前から見ても、後ろから見ても柄が上をむいているきもののことである。

小紋は一方付けといって、板に張った白生地に端から型紙を送ってゆくので、染め上った一反の着尺地《きじゃくじ》の柄は一方方向をむく。それを裁ってきものにするのだから、前は上向きに咲いた花でも、後ろは下向きになる。後ろを上向きにすれば、前は下を向く。上前の身頃を中心に、互い違いに上下を向かせようか、それとも……と考えるところが柄合わせでもある。

このような小紋と違って、付け下げは花も鳥も上を向くようにあらかじめ計算して柄付けされている。肩山や衿山などを中心に柄を付き合わせて染めれば、仕立てたときにすべて上を向くのだから、鋏をいれるところはきまっているのだ。

染めの技法は型染めと手描きに分かれ、地紋などで柄をあらわすものもあるが、小紋調子と訪問着的な柄付けが多い。

この付け下げが急速にひろまったのは、戦後の四十年代のはじめだったろうか。

小紋よりもいくらか改まって、訪問着よりも気軽に着られるというこのおしゃれ着は、当時、上前の身頃と衽《おくみ》を中心にして、あっさりと柄づけされたきものだった。三十年代の縫取りお召と白地の訪問着の流行を見た目には、いかにもすっきりと新鮮だった。ところがこの付け下げの模様が次第に位が高くなってきて、ついに訪問着のかわりに着られるまでになってしまったのである。

おそらく「肩山や袖山から柄を付け下げる」という専門用語からきたのだろうが、〝裾模様〟などはすぐわかるが、〝付け下げ〟という言葉の意味はピンとこない。

きものの柄付けや袖の長さによって種類をあらわしている留袖や振袖にしても、時代が下ると本来の意味を離れてしまっている。これらにくらべると訪問着は歴史が浅いのでわかりやすい。

訪問着は、大正の初期頃、女性の外出や社交の風潮にともなって出現したきものである。

他家の訪問にしては大げさな、と思うのは庶民感覚で、三島由紀夫の小説に出てくるように、上流階級の内輪の園遊会とか観桜会などに用いられ、丸帯を締めて綺羅をつくした装いであったろう。

訪問着は既婚、未婚を問わずに着られるので、振袖よりは大人っぽく、留袖にくらべると色も柄もぐっと派手である。胸と裾に柄を配置するもの、胸の柄が衿や袖にまでかかるもの、両袖に振り違いにつけたものなど、作る側はさまざまに考案したが、いずれも縫目にわたる絵羽柄なので白生地のときに裁ち、仮縫をして下絵を描かねばならない。これをまたほどいて柄を染め、地を染める、手間のかかるきものである。

模様はその自由性と準礼装という点で、気品のある凝った手描きが多かった。この高価な大正時代の上流階級を代表する社交着は、昭和になって型染めも併用され、中流階級にもひろまっていく。軽めの安価なものも作られた。

現在は〝付け下げ訪問着〟全盛時代である。訪問着の仮絵羽と模様合わせという手間のかかる作業をはぶいて、反物のままで訪問着風の柄をつけたのがそれである。

柄の軽重で一目で区別できた付け下げは、衽付けばかりでなく、脇縫や後ろ身頃にまで絵羽柄がつづいて、わずかに胸と袖とのつながりのあるものを訪問着、つながっていないものを付け下げとするようになった。

しかし、着てしまえば素人目には区別がつきにくい。着手は訪問着として、本来の訪問着よりも安く手にはいるという利点はあるが、付け下げ本来の身幅寸法の融通性や、しゃれた味は失われてしまった。

「手描きの付け下げです」と着手も売り手もいう。

しかし、この手描きの柄が、なんと正体不明なのだろう。さすがどこかわからぬ外国の建物や庭園などは影をひそめたが、かわりに登場したのが〝王朝風〟である。橋殿造りにしてはみすぼらしい廻廊のちらと見える庭に、晴装束の男女の立ち姿がある。お粗末な建物や牛車にあわせて、お姫さまの襲《かさね》袿《うちき》も粗末である。ことに顔がひどい。みんな末摘花《すえつむはな》のようである。いわくありげに後ろをむかせている男性は顔が見えないのでほっとする。お供が四、五人ほどもひかえて、いま忍んで到着されたとおぼしき貴い方が、檳榔《びろう》毛《げ》の車の後ろから半身をのぞかせているのは、飛びおりようかと迷っているみたいである。

流水と立木に建物のとりあわせの風景はひいき目に見ても御所解き模様の流れをくむものとは思えない。蹲踞《つくばい》に柄《ひ》杓《しゃく》までそえてあるからお茶室だろう。前身頃にそりの大きな屋根の田舎家とおぼしき建物がでんとあって、手前にはご丁寧に待合いらしいものも描きそえてある。

深い紺地に文机のような朱塗りの机をすえて、和綴じの絵本を何冊も散らした上に、巻物も壺も添えての大サービスは、特売を連想させる。

このような謎の人物、風景よりも多いのが花柄である。カトレアやアイリスならば、まだわかる。(まさかカンナでもないし)と首をひねらされるものもある。紅白の小花が咲いている木は、衽付けにそって、つっ立っているように曲がらないのは、ひょっとすると背を高く見せるような親切心かとも思う。

「なんの花かわからないわね」と言えば「いつでも、季節を問わずに着られます」と売り手は大得意である。

私はなにも「日本の花、それも季節の花でなければいけない」といっているわけではない。一月は福寿草、二月は梅、三月は桜と、月ごとのきものや帯を持っていれば、どんなにその月が来るのが待たれるだろうが、それは贅沢の部類にはいろう。春にも秋にも着られるように梅の枝に菊をそえて、紅葉に桜をとりあわせた柄をつくる。それがつましい着手に対する作る側の思いやりであった。

いつでも菊があるからといって、春に菊のきものを着ても不思議に映えない。四季咲きならバラがある。カーネーションもカトレアも、季節を問わない。しかし、ダリアのようなバラや、カンナのようなカトレアでは困るのだ。

デッサンが大切なのは、絵もきものの柄も同じだと思う。

絵《え》絣《がすり》

「屋根裏に、モモンガーが住んでいる」

「いくつ？」

「毎年、ふえるばっかり。風呂敷拡げたみたいに飛ぶんよ。そんなに長くは飛べない。三十メートルくらいかな。高いところから、スーイと飛ぶ。グライダーみたいに」

「飼ってるの？」

「むこうから住みついて。夜行性だからね。七時半ごろ出かけてゆく」

「家主そっくり」

「朝帰りする。三時か四時ごろ、ドカンなんて」

「どこへぶつかるの？」

「足音たてて帰ってくる。どこへぶつかるのかねえ。はじめはでっかいネズミがいるのかなあと思って」

「いつごろ気がついたの？」

「中学生の時だから、十五年くらい前かな」

「ウソ、三十年たつでしょ」

「えへえ、可愛いいんよ。摑まえると」

「摑まるの？」

「昼は目が見えないからね。リスと同じでね、尻っぽを背中の上にのっけて」

「だれの背中？」

「自分の背中」

「嚙みつく？」

「ちっちゃくなって、丸まってんの。なんにも食わない」

「なに食べて生きてるのかしら」

「木の根とか実。飼っても、長く生きてないんよ」

「ハンガーストライキやってるんだ」

「小リスそっくり」

「見たいなあ」

「可愛いいいんよ。あんまり馴れないけど」

「あたし、そっくり」

「ある程度、距離をおいてね。格調高い動物だあ。でも大黒柱噛じるんよ、倒れるかもしれない。ネズミとおんなじ」

「ふうん、そんな悪いこと」

「彼ら、真剣なんだろ。くるみなんか、すぐ割る。かなり立派な歯だからね」

「お土産にくれないかなあ。あたしのところ大黒柱ないからね、平気だ」

「外見はリスと同じ、毛も茶色くってさ。羽ひろげれば、七、八十センチある。風呂敷みたいに飛ぶ」

「いつも、羽どうしてんの」

「地面歩いたりしても、その時、全然わからんよ」

「どこへしまっちゃうんだろ」

「人間だって、指の間に膜がある」

「面白そう、見たいなあ」

ふいに受話器をおいて走っていきたい衝動に突き動かされる。なにもかも放り出して、上野から汽車に飛び乗って。

長い線路の上を、車輪がひたすら走っていく。蒸気機関車の吐く煙は、私の息づかいだ。やがて、遠い山が次第に近くなって見えてくるのを、窓ガラスに額をつけるように眺めつづける。広がりのある畑や田に、郷里の風を感じる。山間の傾斜を登っていく汽車に、もう少しだと、くりかえし呟《つぶや》く。

駅へ着いた。

長い間、閉じこめていた懐しさが、歓喜となって全身から溢れ出る。茅葺《かやぶ》きの田舎家に向かって、いっさんに走っていく。

幻想はいつでもそこで途切れてしまう。

私に、故郷はない。

旅に出ることもかなわぬ仕事にがんじがらめにされている日、私は絵絣を着る。

春の獲物の蛤《はまぐり》や栄螺《さざえ》などの貝づくし。躰を曲げた海老は、いまにも飛びはねそうだ。同じように勢いのいい踊り熨斗《のし》。紺地に水が流れて、蝶が舞う。よく肥えた福良《ふくら》雀《すずめ》が向きあって羽を拡げている。置き忘れられたようなでんでん太鼓に、横むきのだるまさん。山があって柿が実り、その下に田舎家もある。

紺や黒の地に白く浮び上る絵絣が、夢の底の記憶に似ているのは、そのぼうとした絣足のせいか。

この絣足は、糸を括《くく》るか締めつけるなどして防染し、染めたあと織り上げて模様とする絣特有のあらわれ方である。模様ぎわの糸の不揃いを、ずれという言葉は正確なようだがあたらない。計算されて染められた糸に、人間の手の織り出した自然なぼやけた味、といったほうがよいだろう。

かっきりと模様と地とを区切ることなく、その境目のかすれ、糸足の乱れこそが、絣の持ち味である。したがって、後染めのものには見られない素朴さが身上で、賑やかな色づかいのものは、私はとらない。

霞のように微かなかすれが絣である。古代中国では絣を「霞布」とよんだそうだが、言い得て妙である。

〝微か〟はまた、幽玄の〝幽〟でもある。奥深く計りしれない意味と、趣が深く味わいがつきない意味をもつ。

紺絣の染め糸の一本を微細に見ると、紺は次第に色を失っていき、その行きつく先が白になる。織り上げられたものは、ぱっちりと白が目立つが、その明暗の境に日本的な詩情がある。曖昧や韜晦《とうかい》ではない。墨跡のかすれが形象美を構成する日本の書の美しさと共通する。

絣といえば、木綿。

いまでこそ紬の絣が多いが、戦前までは久留米をはじめとし、弓ケ浜、伊予、備後、作州など、その地方の特色を生かした絣が常着や農村の労働着や布団などに使われていた。戦後はウール、化繊に押されて、見るかげもない。

しかし、五、六月のむし暑い日には、小ざっぱりした木綿の味は、その藍《あい》の香とともに忘れがたいもののひとつである。

この郷愁をそそる木綿も、絣の技術も、もともと日本にあったものではない。

〝イカット〟と呼ばれる絣が、木綿の原産地のインドで生れたことは、木綿と絣の結びつきを暗示させよう。イカットはマレー語の〝括る〟〝縛る〟〝締める〟の名詞形で、いずれも絣糸を作る時の動作として欠かせない。

インドと同じように、古代からのエジプトの木綿も有名だが、発掘された遺品のなかに絣があったろうか。黄金の装飾品ばかりが印象に強い。

インドで発生した絣は、インドネシア、タイなどを経て、沖縄に輸入された。いまも、宮古上布、久米島紬、芭蕉布《ばしょうふ》などにその絣柄が残る。井桁《いげた》、十字、とんぼ、ごま、燕、糸巻などの事物を象徴化する絣の技術や製品が沖縄から本土に輸入された陰には、慶長年間の島津氏の侵攻と、それにつづく苛酷な賦役を課せられた島民の苦しみがひそめられている。

温暖な地方での木綿の栽培普及とともに絣の技術はひろまって、さきにのべたような地方別の特色のある産物となった。

井桁や十字ばかりでなく、亀甲、鶴菱、富士山、麻の葉、矢絣などの本土的なものも加えて、その柄が多様をきわめたのは、日本の庶民の独得のデザイン感覚を物語る。

井桁が井戸の枠をあらわし、流水とともに柄にとりいれられたのは素朴な信仰心のあらわれであろう。同じように勢いのよい麻の葉は丈夫さを祈念するためにとりわけ子供ものに用いられた。このように災厄からのがれ、幸せを願うような多くの模様を衣服に持っている国が、日本以外にあるだろうか。

なかでも絵絣は豊富な自然にかこまれた日本の風土と、それを愛する庶民の心と、美意識が育てたといえる。

ひと幅を二つ割りにして、市松ふうに青海波《せいがいは》と亀甲を大きくとばし、その間に釣竿と玉手箱は、いわずとしれた浦島太郎。

二寸ほどの御所人形が、たがいちがいにひっくりかえっている。白波と千鳥が小さく飛ぶのを、なんだろうと考えてみたら、牛若丸と弁慶だった。小さな擬宝珠《ぎぼうしゅ》のついた欄干は、五条の大橋なのである。よく見ると弁慶は手をあわせ、ひっくりかえっているのは牛若丸なのだ。いずれも丸まると太っているのが可愛らしい。

絵絣にはこんなふうに、絵解きの楽しさもある。

物語をあらわそうとするところに、遊びの心があり、詩情がただよう。作る人も楽しく、着る人も楽しい。そればかりでなく、見る人も楽しいのだ。ここでは完全にきものは、単に着るものとしてだけでなく、心の媒体でもある。

旅から帰った夜、もう春だというのに、コンクリートの住居の周囲には木枯しに似た風が吹きわたっていた。

けたたましい音が闇をつんざいて、何台ものオートバイが大通りを爆走して行った。
あの若者たちは、帰る故郷をもたないのだろうか、待っている人はいないのだろうか。
旅のなかに故郷を探そうとする心も、失われているのか。
故郷へ向かって、いっさんに走っていくのは、人を恋う心にも似ているのに。

四月

繭の話

藤垂れて春蚕《はるご》はねむりさめにけり　　楸邨

季節の食べ物に旬《しゅん》が失われて、久しい。

なんでもその盛りの時季に食べるのが一番美味《おい》しいし、待つ心も育てられる。

その年はじめて手にはいった食べ物を〝初物〟または〝走り物〟といって珍重し、まず仏に供え、それから家族一同分かちあった。

「初物を食べる時には、西を向いてにっこり」という俗習の意味はわからない。西には仏がいる、西方浄土《さいほうじょうど》の阿弥陀仏《あみだぶつ》や先祖に感謝するという考えからなのか。「初物を食べると長生きする」という言い伝えで、最初に老人から分けた習慣は、いまでも残っているのだろうか。

ほんの一口ずつでも分かちあって食べる初物は、食卓を彩る季節便りであるし、今年もまた、家族揃って初物が食べられるという喜びをもたらせてくれたのである。

衣服もまた、仕立ておろしを「お初《はつ》」といってその着手を軽くたたいたのは、子供のたあいない遊びとだけ言い切れない感情がある。

せめて食べる物と着る物だけは自然を残しておきたいと思う心は、消費する者の身勝手だろうか。

以前、絹糸や絹織物が昔より弱く、色の染まりも悪くなったような気がすると関係者に言った時、こういう答えが返ってきた。

「昔は自然淘汰で、弱いものは落ちました。ところが今は温度調節やら栄養剤やらで、育たない蚕までが育ってしまう。いわば過保護なんですね。だから、生糸そのものも弱くなっているんでしょう」

数年たつと、蚕の人工飼料が開発され、実用化される見通しになった、と新聞で知らされ、〝ジャンボ蚕〟といういままでの倍ほどもある蚕の写真も見た。人間でも食べる物が違ってくると、その体質まで変化をおこすのではないかという恐れが、私の頭の中にはこびりついている。どんなに完全な人工飼料が作られても、それは太陽の光をたっぷりあびて育った桑の葉とは違う。食べ物が違えば、色の染まり具合も違ってくるはずだ。完全無菌状態で、温度調節完備、人工飼料で育った蚕の生糸から織り上げた絹は、聞いただけでも長年の使用に耐えられそうもない。

人間と蚕のつきあいは古い。

中国殷《いん》代の遺物には「桑、絲、帛」などの文字が甲骨文にきざまれていて、また、日本の縄文式後期には、蚕から絹をとることが行われていたというのが定説である。

はじめて〝野蚕《やさん》〟から繭をとることを考えついた人間は、〝絹〟という素晴らしい恩恵を我われにもたらしてくれた。野蚕は中国、東南アジア、日本などに分布し、改良されて家蚕となり、その当時から現在に至るまで人類を豊かに飾りつづけている。

この野蚕と家蚕では糸の染まり具合が異なる。野蚕のなかの山繭は天蚕ともいい、櫟《くぬぎ》などの葉を食糧として育つ。家蚕からとった生糸にまぜて地紋を織り上げたものに、山繭縮緬《ちりめん》がある。山繭縮緬の白生地は同じ色無地に染めても山繭の部分の色目が微妙に違って、紋柄が浮き立ち、味わいのあるものであったが、今は少ない。

家蚕は卵から約四週間の幼虫期を経て繭を作り、蛹《さなぎ》となって成虫化する。その蛹の作った繭から取り出した糸が、縮緬などの白生地や紬を織り上げるための紡ぎ糸となる。

卵から孵化《ふか》したばかりの蚕は毛蚕《けご》と呼ばれ、太陽をたっぷりあびた桑の葉を食べることによって体長約三ミリほどから七、八センチに成長する。小さな毛蚕は四回の休眠期と脱皮、五回の活動期をくりかえして成長するのだが、成長期の蚕の食べる桑の世話と掃除で蚕産農家は目の回るほどいそがしい。葉にとりついた蚕が頭を上げ下げしながら食べる葉は、みるみる削りとられていく。何万匹もの蚕が桑を食べる音は、蚕室にサアーッという通り雨にも似た音をひっきりなしに響かせるほどである。人びとは桑摘みに追われる。夜も昼もなく食べつづける活動期の蚕の食欲を満たすための桑の葉は、新鮮で農薬のかからない、乾いた葉でなければならない。雨に濡れた葉は天日で乾かす手間がふえる。ことに繭を作る前の十日間に食べる桑の量は、それまでの十倍に匹敵するという。

蚕を育てる人たちは、蚕のことを「おこさま」という。「お蚕さん」とも呼ぶ。人間並みに扱うところに、愛情がこもる。

この五回目の活動期がすぎると食欲をみせなくなって、繭づくりの場所を探すように頭をふる蚕を、蔟《まぶし》にいれてやらなければならない。お菓子の箱のように区切った蔟の中にひとつずついれられた蚕は、黙々と孤独な作業をはじめる。口から白い糸をはき出しながら上半身をS字型に振って、繭を作ってゆくさまは〝一心不乱〟という言葉がよくあてはまる。この繭づくりのために一匹の蚕のはき出す糸の長さは、三千メートル近くにもおよぶ。

うすく透き通るような繭が白さを増し、中の蚕の姿が次第に見えなくなって、作りはじめてから二昼夜ののち、繭は完成する。この繭の中で、蚕は三、四日かけて最後の脱皮をする。繭をふってみて、中の蛹が固くコロコロと音がするようになった時、はじめて繭づくりが完成したことになる。

繭干してたましい抜けの住居かな　青畝
屑繭や土間に据えたる座繰枠　天夢
繭売って骨身のゆるむ夫婦かな　蛇笏

屑繭を自家製の紬に織る家も少なくなった。繭の中の蛹が繭を破って飛び出す前に乾かして殺すことを〝干す〟という。

養蚕農家の手を離れた繭は製糸工場へ運ばれて、五時間かけて人工乾燥させる。

製糸にかかる前に、セリシンという膠質をのぞき、糸がほぐれやすいように煮る。

煮繭の糸口を見つけると、糸を引く。するすると面白いように、繭糸がほぐれる。それを数本あわせて、繰りとったものを生糸とよぶ。

この繰糸《そうし》工程では繭糸が一本切れても品質が低下する。女工哀史には、この切れた糸をつなぐために追いまくられる娘たちの話があるが、現在は自動繰糸機によって補充されるようになったという。

繭糸の最初や終りのものは屑糸とし、一粒の繭から生糸とする長さは千～千五百メートルという。繰糸は枠に巻きとられ、綛《かせ》づくりをして集荷問屋に送られ、検査によって格付けされる。

さらに生糸問屋を経て、織物工場に届けられ、糸から布への過程をたどるのである。

生糸を原糸としたものは、縮緬、綸子《りんず》、羽二重、絽《ろ》、繻子《しゅす》などの白生地の後染織物が作られる。後練織物ともいうのは、白生地に織り上げてから紡績および製織の工程で繊維や織物に含まれている不純物をとりのぞくための〝精練〟または〝練る〟作業が行われるからである。精練はその後の漂白、染色を容易にするためで、丹後や、長浜、五泉のように水が豊富できれいな土地でこそ、美しい白生地の産地となれるのである。

白生地に対して糸の状態で染めてから（先染め）織り上げるものには、紬《つむぎ》、大島、お召《めし》、黄八丈などの着尺地、錦、綴《つづれ》、博多織などの帯地、仙台平を代表とする袴地などがある。

紬は同じ絹でも生糸が原料ではない。玉繭などを真綿《まわた》にしてから手紡糸をとり、織り上げたものが高級な紬で、ひとっからげに紬とよんでも、劣質な繭や生糸をとる時の最初や最後の副蚕糸を機械紡糸したものとは、堅牢度も着ごこちも違う。副蚕糸などからとった糸は中級以下の紬や富士絹に織り上げられるが、上質の紡糸や生糸にくらべて、フィラメントが短いために丈夫さが劣るのである。

新しく開発されたものには、繭のうちに染めてから糸をとり、織り上げた繭染めや真綿染めの紬もある。

衣料には植物性繊維を代表する麻や木綿、動物性のウールがあるが、絹織物ほど人間の長い歴史のなかで今日なお、貴重で高級なものはない。肌ざわりのよさと美しい光沢、優れた染色性、ドレープ性、暖かさや丈夫さなどの点において、衣料として王者の風格をそなえている。いくら化学繊維が技術の粋をこらしても、絹はその追随を許さないであろう。絹に似たものはできても、絹ではない。

日本のきもののほとんどは蚕から作られ、絹をぬきにしてきものは語れない。

このような絹は、すべて養蚕農家の寝食を忘れて蚕を育て繭づくりをする作業によって支えられている。

振袖を着る時に約四千五百個の繭、四千五百キロメートルの糸を必要とすることを考えると同時に、長い時間と労力からでき上ることを振り返ってみる必要があるであろう。

色無地のきもの

はじめて選んだきものは色無地、色は藤色だった。

二十歳すぎてのことである。

流水地紋の綸子の白生地を、迷わず藤色に染めて紋をつけ、共色の八掛で仕立ててもらったのは、従兄の結婚式のためであった。

祖母と母とをつづけて失い、その翌年に戦災で家を焼かれた私は嫁入り支度なぞ無いも同然で、もちろん留袖も持っていなかったし、貸衣装ということすら思いつかない若さであった。

建てた家の借金返済とインフレ生活のなかで共働きをしていた私には、当時、きものよりも通勤着のほうが必要だったのである。

通勤着を探して歩くデパートやウインドーのなかで、真っ先に目につくのはライラック色のブラウス、ラベンダー色がけぶるようなモヘアのセーターである。

藤色は、ほしい色であった。

洋服の感覚で色を選ぶのは危険だということを知らなかったのに、その色無地を気にいって長い間着ていたのは、日本の昔からの色目がまだ残っていたからなのだろう。

同じ藤紫でも、洋花と日本の花の色とは違う。きものの色目は、日本の風土で育った花の色が一番似つかわしい。

藤が咲くと、もう春も下り勾配。

若わかしい緑の葉の繁りのなかで、ひっそりと優婉に垂れ下った藤浪が夕暮れに溶けていくとき、春愁は広がっていく。

藤色といえば藤の花のような色と思いがちだが、藤の花そのものの色目は藤紫、それよりも淡く、紫みの薄れた色を「藤色」と呼んでいるようだ。赤みが加われば紅藤、青みがかかれば青藤で、紅藤の紅と紫が深まった末は葡萄色にいきつく。

古くは藍染めと紅染めをかけあわせて染め出された藤色は、それぞれの色の分量によって微妙に変化し、二藍《ふたあい》、桔梗《ききょう》色、牡丹《ぼたん》色、紅梅なども、同じ染色方法で行われたという。

この古い日本の花が最も愛好されたのは平安時代で、これは藤原氏の姓やその背景の栄華とも結びついた理由にもよろうが、優雅を最上とした彼らの情感をもっとも適切に表現する花だったからでもあろう。

『雅亮装束抄《まさすけしょうぞくしょう》』の女房装束の項で、「四月うすぎぬに着る色」のなかにあげられている。うすぎぬは薄い生地《きじ》で仕立てた衣で、初夏にはさぞ映えたろう。

藤色は藤紫、若紫ともいわれ、紫と同系の淡色としながらも、紫は紫草の根を用いての灰汁《あく》媒染《ばいせん》による色で、いまも盛岡地方にわずかに残されている紫根染めがある。

身分によって装束の色をきめられていたこの時代、深紫《ふかむらさき》は一位と二位、三位が浅紫《あさむらさき》で、位の高い色であった。

紫が気品と神秘性を持つ色とされていたのは日本ばかりでなく、ギリシア・ローマ時代にも高位の人しか着用が許されなかった点で共通性がある。パープル・シェルといわれる貝からとる染料の貴重さ、紫根の灰汁媒染による定色の難しさもあったのだろう。

紫の深さを匂いでたとえると、なにになろうか。

密度はあるが香水の〝ジョイ〟や〝夜間飛行〟のように迫ってくる濃厚さではない。〝シャネル〟は軽すぎるし、〝ミス・ディオール〟は柔らかすぎる。〝ミツコ〟は気品はあるが、甘さがすぎて、〝バラ・ベルサイユ〟はあまりにも華やかだ。どうやら、外国の香水には見あたらず、日本の練香の〝禅〟に近いとおもう。音にすると、フルートより尺八である。

しかし、それは諦観や悟りの境地ではない。紫は「あはれ」な色である。「あはれ」は現在のように、可哀そうな「哀れ」や「憐れみ」ではなく、〝アとハレ〟（ああ、晴れ）とたたえられ、讃嘆される色であった。

この平安時代の代表ともいうべき紫は、自らを高しとする者の矜持《きょうじ》の色でもあった。それにともなってのふさわしい振舞が、優しく雅びやかに展開されて、見る者に「立派な」「尊い」「優美」という感動を与える。幾重にも重ねられた下着の一番上にあらわす〝袍《うえのきぬ》〟の色である。

紫といえば〝匂うような色〟と連想されるのだが、これは有名な額田王《ぬかたのおおきみ》への返歌「紫草《むらさき》のにほへる妹」からの印象で、紫根《しこん》の花、紫草の夏咲く白い花に匂いはない。

紫のひともとゆへにむさし野の草はみながらあはれとぞみる　古今集

「たった一本咲いている紫草のために、武蔵野の草はみな心惹かれることよ」の歌意から、紫は「ゆかりの色」「ゆかりの紫」ともされていた。

この鎌倉時代の「あはれ」が、自分の愛情や愛惜の気持を述べているように、悲しみやしみじみした情感をあらわすほうへ傾いていく。一方、「ああ、晴れ」が「あっぱれ」という形で、武勲や賞讃に結びついた戦国時代にも、紫は大将の鎧の縅《おどし》などに用いられて、その高貴性は失われていない。

「あはれ」よりも、意気や男伊達を好んだ江戸町人文化の紫は、助六の鉢巻に代表される。歌舞伎で見る紫の鉢巻は赤みのある紫が多いのだけれど、〝江戸紫〟は江戸時代の蘇芳《すおう》からとった色を鉄媒染、または明礬《みょうばん》媒染した紫であったという。

紫根染めの〝本紫〟に対し、江戸紫は〝似紫《にせむらさき》〟〝今紫《いまむらさき》〟ともいい、古代紫や京紫と対比されていた。

本紫の系統をつぐ京紫は赤みの紫、江戸紫は青みの紫とする説と、その反対の説とがあるが、やや赤みを含んだ暖かさこそ「あはれ」の色、古代の紫である京紫といえよう。赤みが濃くなれば気品を失って「赤紫」とよばれる。あくまでも優しいなかに凜とした気品をそなえた古代紫は、赤みを表立たせずに秘していなければならない。

京紫に対して、江戸庶民のさっぱりした気質から推し量れば、青が加わると考えたほうが当然であろう。藍染めの木綿の隆盛から推し量っても、助六の鉢巻は青みの勝った紫としたいけれど、蘇芳の色からとったとすれば赤紫に近いようにも想像される。この矛盾はいまだに解けない。

「あはれ」と縁が切れた紫は、明治になって夏目漱石が『虞美人草』の藤尾に象徴させている。〝我《が》〟の色である。

英文学者でもあった彼の「あはれ」は『草枕』の那美の終末にあらわされ、『三四郎』では

「可哀想だとは惚れたと云ふ事よ」と解釈させている。

「憐れ」は、現在「貧しい」という意味だけに使われるほど、言葉が痩《や》せてしまった。というより、若い人たちは揶揄《やゆ》とも同情ともつかぬ言葉として「カッワイソー」とさかんに用いている。

「あはれ」は新仮名使いで「あわれ」と変えられ、古語になりつつある。

少女時代、私は古代紫が好きであった。というより、物心ついてはじめて好きになった色が「紫」といったほうが的確だろう。

しかし、その理由は、紫の歴史を知った上でのことではなく、はじめて着せられた七五三の祝い着の色と、小学生時代に読みふけった漱石全集の『虞美人草』の藤尾の強烈な感覚像からの連想であった。

いまでいえば「情緒不安定」と判断されるにふさわしく、エキセントリックなところがある子供だった。

紫は、気難しい色である。藤尾のように〝我〟を主張する。主役にならなければすまない色なのだ。

だから、きものの地色には向くけれど、帯にしても、帯揚げや帯締めにしても、ほかの色とはあいにくい。まず、そこへ目がいくから、半衿などに使われていると、どきっとしてしまう。

若わかしく紫が着こなせないのは、赤とあわないからだろう。三十代、四十代の大人の色で、帯は鴇《とき》色や肌色を締めたい。白茶や裏葉色、柳茶などの帯を締める年配の頃ともなると、紫は沈んで鳩羽《はとば》紫《むらさき》や紫鼠《むらさきねずみ》に老いたほうがいい。

紫はまた、金色が一番似合う色でもあるし、絹にしか似合わない色でもある。

少女期に紫に憧れながらも、それを晴着として一度も着ることがなかったのは、戦争のためである。土色といわれるカーキ色と黒か白、または灰色という色みを持たない無彩色にかこまれて成長した私が、藤色を好きになったのは、紫の夢が残っていたからであろうか。

藤色は紫と系統を共にしながら、その染料は異なる。紅の艶と、藍の堅さが引きあうなかに、不安定な均衡がある。

紫の気品を残しながらも、融けていく淡さが、哀切なまでに優婉なのが藤色である。凛とした孤高の紫に対し、嫋《なよ》なよと女らしい。

二十代から三十代にかけて、私は藤色に夢中になった。

いま、私の箪笥の中には藍系統のきものが多い。大島の藍と泥藍、藍唐桟《とうざん》、絵絣、縞《しま》紬、上代紬、それに藍染めの小紋と付け下げ……。

本格的にきものの仕事に打ち込むようになってから、自分の働きで買い揃えていったのは織りのきものが多いという理由もある。

藍は労働の色でもある。藤色のように甘さがなく、夢想的でもない。

鉄紺に近い藍、納戸色、紺色、黒みがかった藍からやや明るめの藍と、糸質、染料によって違いはあるが、共通しているのは色あわせの幅の広さだ。

桃色から茶に至るまでの暖色も、黄色から緑に変る中間色も、そのなかのこまやかな色の調子までですっかりのみこんで、あわせてくれるのが藍の色である。帯ひとつで、どうでもこちらの気分に添って相手を立ててくれるのが藍のようだ。どの色とも調和しやすいということは、没個性を意味するのではなく、寛大さのなかに自分というものを持っているのが藍色である。

少女期の紫、二十代から三十代にかけての藤色、四十代の藍と、好きになった色は、それぞれの時期の私の心象風景を物語るのだろうか。

これから先、年を重ねていくうちに、好きになるきものの色は何色《なにいろ》だろう。もう藍からは離れられないような気もするし、もっと新しい色の発見がありそうな気もする。

サリーときもの

花衣ぬぐやまつはる紐いろいろ　　久女

三人の日本人でない女性にきものを着せた写真が残っている。

振袖を着て扇子を胸にかまえているのは、ポルトガル移民の血を引くブラジル人のマリア。背の高いガーツルードは生粋の南ドイツ生れである。

ガーツルードは朱がかった赤の振袖の、大きく斜めどりに残した白場《しろば》にとりどりの小花模様、マリアは江戸紫めいた地に、白と金の駒刺繡《こましじゅう》で動感のある波頭を総模様にした振袖を選んだ。花の好きな明るいドイツ人と、海外領土を持つ海運国のポルトガル人の民族性といったものがあらわれて、おもしろかった。

マリアは底ぬけに陽気で、加減して紐を締めても、おおぎょうに声をあげた。ひどく肥っているために、紐を回すのもやっとで、下前が半分くらいしかあわない。幅出しした袋帯が、その巨大な胸と腰の間に、ちんまりと納まってしまう。

着せ終ると、手を打ちならして踊り始めた。

ほしがるままに扇子を渡すと、モネの『ラ・ジャポネーズ』のようにポーズをとった。

ガーツルードは、梯子《はしご》をかけて着せたいくらいだった。帯のあたりで軽く肘を曲げたポーズをとってはいるが、背が高いのと足の位置で、どうしても棒立ちという印象はまぬがれない。

マリアは日本人の夫と一緒にブラジルへ帰り、銀行員の夫の転勤でバハマ諸島のナッソーにいるガーツルードとは、招待されて五月に再会を祝った。

もう一枚の写真は、ミセス・ラバニーの振袖と私のサリー姿である。彼女はガーツルードの友人で、夫君はバングラデシュの政府経済公使として日本に滞在していた。

かねてからサリーに興味をもっていた私が質問すると、着せてあげるという。

「それではあなたには振袖を」ということになって、麗らかな春の昼さがり、三番町の自宅を訪れた。

ベッドルームの衣装簞笥を開けて見せられた時、服地屋のように、ただ畳んだ布が重ねられているのが珍しかった。

「どうぞ、どれが好き？」

有栖川《ありすがわ》文様に似た絣にも心惹かれたが、瑠璃色と桃色の縞に、金糸で丸紋が織り込んであるサリーが、すばらしかった。

わずかに紫みのかかった青さは、ベンガルの海の深さだろうか。その境がかすれて桃色に変っていく様子は、有名なベンガル湾の夕陽の美しさであろうかと、魅入られた。

手にとると、ふうわりと軽やかである。

「これはなんの模様？」

「蓮の花よ」

このサリーは彼女の持っている中で、最高のものと言う。結婚式かレセプションのときだけ着て、いまに娘に贈るつもりと、彼女は言った。

「日本でも同じ習慣よ。どう、この振袖は？　ミスの着るきものなの」

金通しの紫と朱のぼかしに、これも鼓《つづみ》を金糸で繡《ぬ》いとった振袖に彼女は「パープルは大好き」と声をあげた。

早速、サリーの着方を教わった。

まず、木綿の長いペチコートをはき、その紐をウエストにきつめに締める。次にセパレーツの水着の上だけのようなブラジャーをつける。金糸は織り込んではいないが、瑠璃色と桃色の縞のサリーと共布で「ブラウス」と彼女は言った。

サリーは横にして右脇に布端をはさみこみ、ぐるりと腰をおおってから、前中央で三つほど襞《ひだ》をとり、ペチコートにはさみこむ。

残りの布端から五十センチほどのところに襞をとり、もう一度後ろから前へ回してこの襞を左肩にかけ後ろへたらす。右肩はむき出しであるが胸元はドレープ状の布におおわれる。

彼女は馴れない私のために、左肩の襞をブローチで下のブラウスに留めてくれた。ただそれだけのことである。

幅一・五メートル、長さ六メートルほどの布を、躰に二回まわして巻きつけて、残りを肩から後ろへたらす、いわゆる袈裟《けさ》がけ形式である。

袈裟といえば、日本ではお坊さんの衣《ころも》の上にかける四角なエプロンみたいな恰好を思い出すが、これもインドから仏教とともに渡ってきた衣服が、気候にあわせて変化したものだという。

インドのサリーは、袈裟式衣であり、南方型の衣服の代表として長い歴史をもち、現在まで続いている。

この袈裟式衣は巻衣、懸衣《かけぎぬ》ともいい、文字どおり布を躰に巻きつける、または垂らしかける最も古い形の衣服とされている。博物館に残る古代エジプトの腰衣《ようい》は巻衣であり、ギリシア・ローマの彫刻には、人体と一体化した美しいドレープの懸衣を見ることができる。

これらに共通するのは一枚の布を身にまとうことによって、衣服の始まりとする南方系の服装の根源である。

縄文式時代といわれる農耕文化期に、草や木を編んだり下げたりするよりも進んだ織物づくりがあって、腰をおおう腰衣が熱帯地方での衣服の始祖とされている。人類はさらに上質な織物、より幅の広い織物を作ることを考え出し、それにつれて腰の部分だけでなく、二重に巻きつけて袈裟がけにしたり、中央に穴をあけて首を通して肩からかける方法を思いついた。これが袈裟衣や千早《ちはや》といわれた貫頭衣である。

このような温暖な地帯、または熱帯の衣服は、邪馬台国を女王卑弥呼が治めていた時代、紀元二百年頃のわが国での服装でもあった。当時の『魏志』倭人伝によると、「男は衣を横幅にして結束して相連ね縫無し、女は一枚の布の中央に穴をあけ、頭を通した」とある。

袖をつけ、前を切りひらいて衽《おくみ》や衿をつけ、打ち合わせる形に発展していった貫頭衣とくらべ、インドのように袈裟衣が残らなかったのは気候の差、文化の違いとひと言ではいいきれない問題が残っている。

透きとおるほどの細い糸で織られているインドシルクのサリーの着ごこちは、軽くて開放的であった。

歩くにつれて、前にとった襞がゆらゆらと揺れる。立ち止まれば、腰から肩へかけてのドレープが膝のあたりをすぼめて、背を高く見せる。ソファに腰をおろした時は、前の襞をわずかにととのえることによって、ロングドレスのように裾が広がる。

なんと闊達な、布の扱いなのだろう。ゆるやかにまとった布のなかで、人間の躰は自在に動くのだった。

振袖のミセス・ラバニーと、サリー姿の私が連れ立って現われると、ご主人はヨーロッパ風のマナーでむかえてくれた。

「おお、東の国の二人のプリンセス」

惜しみない讃辞は、女をいい気にさせる。

私たち二人はますます気取って、熱心にカメラをむける彼の前で恰好をつけた。

ミセス・ラバニーで驚かされたのは、振袖の長い袂《たもと》や裾に対する気づかいである。腰かければ袂を膝の上に打ち重ねて、手をのせる。立てば長い袂を引き寄せて、躰から離れないよう手をそえる。おまけに左足をちょっとずらせてカメラに向かう姿は、まるできもの専門のモデルのようであった。歩く時に上前をそっと押えたりするのも、いままできものを着せてきたアメリカ人やヨーロッパ人には見られない仕草なのである。

豊かな上半身と短い首は、着付けで補いきれないが、その仕草によって、きものを着馴れない日本人より、よっぽどさまになっているのだ。

私は改めて黒い髪を真ん中からわけた彼女の、彫りの深く、浅黒い顔立ちを見つめた。

（なぜだろう。初めて着た振袖の裾や袖の動きに対するこの気づかいを、どうして持っているのだろう）

その疑問は彼女に訊ねるまでもなく、私自身、サリーを着ていることで解けた。

ふうわりと身にまとった一枚の布は、動作につれて絶えず動く。躰から離れないための、つねに布を引き寄せる気づかいが、きもの以上により必要なのである。
それにつれて、優美な仕草もともなうのだろう。

日常生活は洋服でも、彼女の布の動きに対する本能的な身のこなしは、一枚の布を躰にかけたり巻きつけたりするドレーパリー民族の共通な特徴なのだ。

脱げば一枚の布に戻るサリーと、ほどいて接《は》ぎあわせれば、これも一反の布に戻る直線裁ちのきものの形態のなかに、遠い、はるかに遠い祖先のつながりを見出したように思いあたった。

人間の躰にあうように布を従えて裁断し縫製する北方系の洋服とは異なり、布本来のあり方のなかに人間の躰との調和を見出すきものやサリーに、より平和な精神性を感じたといえば、おおげさに過ぎるだろうか。

ミスター・ラバニーの提案で、私たちは近くの千鳥ヶ淵まで散歩することになった。四月としては珍しく気温の高い日であったが、むき出しの右肩を気にすると、彼女はブローチをはずして肩の襞をひろげ、左脇に搔《か》いこむようになおしてくれた。

外は満開の桜並木。折からの風に桜吹雪が舞い散り、振袖とサリーにふりかかった。

平和な、美しい日本の春であった。

彼女らが首都ダッカへ帰国して一年ほどして、バングラデシュ政変のニュースを聞いた。数葉の残された写真を見るたびに、あの春の晴れやかな昼さがりの穏やかさを、思い浮べずにはいられない。

五月

襷《たすき》

庭畑の水菜たのもし別れ霜　　ひろし

「別れ霜」という言葉を知ったのは、いつ頃だったろう。都会育ちには、その美しい言葉の響きだけが印象に残り、「八十八夜の別れ霜」が立春から数えて八十八日目、農家で種を播《ま》く日であることも、おくれて知った。

五月初めの頃の別れ霜を最後に冬の名残は断ち切られ、ひたすら春は緑に変っていく。「夏も近づく八十八夜」の茶摘み歌は、就学前後の遊びと結びついていた。

膝つきあって座り、「せっせっせ」と両手を握って振るところから遊びは始まる。歌にあわせて互いに斜めに掌を打ちあい、一小節の終りごとに「とんとん」と拍子をとりながら両手を打ちあわせるのがきまりだった。はっきりした勝ち負けにはいたらない。次第に速めていく歌につれてくり出す手に力がこもり、うまく相手の掌を打ちあわせないと互いに躰が崩れて笑い出す。たあいのない遊びであった。

「あかねだすきにすげのかさ」と無意識に歌っていたが〝茜《あかね》色の襷に菅笠《すげがさ》〟とわかったのは、きものの仕事をはじめてからである。

紺絣《こんがすり》に赤い襷の田植え姿を見たような記憶もあるが、車窓からの風景かそれとも写真であったかはもう判然としない。

この襷をかけた姿は、袖のあるきものが日常着としてほとんど用いられなくなった今日では、芝居くらいでしか見ることができなくなった。〝肩入れ〟という落魄《らくはく》をあらわす肩に大きく継ぎをあてた衣装の女房などが、立膝の中腰で水色の襷の紐端を口にくわえ、袂をからげて二の腕もあらわにくくる姿は、女が見ても艶っぽい。

たとえそれが家事の支度とわかっていても、静から動へ移るさまが一本の紐に集約され、ふだん見せることのない二の腕の白さと、粋な水色の大人の色気に息をのませる効果がある。

袖をたくしあげるために一本の紐を使って肩から脇にかけて結ぶこの風習は、上代に神を祀るに際し、供物に袖が触れぬようにかけたことから始まる。民間の赤襷が田植えに用いられたのは、この日が田の神に対し豊作を祝う祭りの日であったからである。襷はこのように神事としても晴れの日に用いられるだけでなく、手助けを意味する古い言葉でもあり、村の共同作業として互いに助けあう心が、姿にあらわれた風習でもあった。

万葉の当時の窄《せま》く細長く手先に垂れてあまる袖をたくしあげるために用いられた紐襷、大袖の時代には袖口の紐を引きしぼって襷のかわりにしたり、袂《たもと》袖《そで》の場合には身八つ口から手を出して袖と袖とを結ぶ袖襷なども行われた。

この日本のきものの袖という特殊な衣服形態と信仰からはじまった襷がけは、武家社会になると鉢巻とともに、一大変事に立ち向かう時のいでたちに変っていく。

洋服が一般化して袂がないにもかかわらず、赤襷は第二次世界大戦の時に利用された。応召された人は、国民服の上に幅広の赤襷を斜めにかけて入隊し、戦場へ向かうのがきまりであった。それを見送る婦人たちは「大日本婦人会」の文字入りの白襷をかけたのである。

当時、学徒動員で工場に配置された私たちは、一人の中年の工員の赤襷姿を整列して見送ることになった。不馴れと緊張のあまり、顔をひきつらせてひどくつっかえながら挨拶するのを、若い私たちはこみあげてくる笑いをこらえきれずに洩らしたのである。

いくら若く、笑いに堪えられない年頃だったからとはいえ、この失笑は年が経つにつれ、私のなかに悔恨として深まっていく。

あの時、誰か気がついて叱責する大人がいてくれれば、まだ、救われたに違いない。

誰か赤襷の意味を教えてくれる人がいれば、笑うことをしなかっただろうと、いまにして思うのである。

結城《ゆうき》に支えられて

電話を受けとった時から、急に慌しく流れていく時間に、せわしなく躰と気は動きながら、中心の芯棒が引きぬかれた空洞に不安と怯《おび》えが潮騒《しおさい》のように波立って押し寄せる。

博多《はかた》古城《せんじょう》の八寸を締める手に、ふだんより力がこもったのは、予想されるいまからの事態にそなえるこころづもりのあらわれだったのだろう。

胸を張ってどんと受けとめる性質の事柄ではなく、崩れまいとする支えを、自らに課した仕草であった。

足元の砂がえぐられていくような心細さを踏みこたえて、帯締めを締め終るころには「覚悟」の二文字に似た想いが、うっすらと腹の底によこたわる。（いつか、この日が来る）と終焉におののきながら、もしやと希《のぞ》みともいえない儚《はか》なさにすがって、ただ、前へ前へとひた押されるように歩いてきた状態は、今度ばかりではない。

その当時、私はまだ、きものの仕事をしていなかった。かつて若かった遠い日に、破局を踏みこたえられず、身も心も萎《な》えはててくずおれたこともあった。

文字どおりその後の私は、きものに支えられて生きてきた。

腰紐を、帯を、帯締めをと、一つひとつ結んでいく過程が、活力や立ち向かう心につながっていくのである。

心労のぬけきらぬ朝《あした》、肩に背負う重責に前こごみになりそうな夕《ゆうべ》、冷たい視線を背後に感じる昼なか、締め上げた帯は、崩れそうになる姿勢を支えてくれた。

この時の知らせは、入院中の父の容態の悪化であった。

中庭に面した緑の陰の深く冷えびえとした個室で、私は帯を解かず、危篤の父と一週間向きあっていた。

迷わずに着たきものは、古風な縞《しま》の結城であった。

縞といっても、棒縞や唐桟《とうざん》めいた縞ではない。海老茶の底に藁《わら》色の縞目が五分間隔で沈んでいて、その細い縞をはさんで同色の経《たて》絣が小さく織り出されている。矢羽根ほどの鋭さをあらわさず、不揃いな絣足の模様は串刺しの田楽に似て飾り気がなかった。明治初期の絣縞として色も柄もそっくりなのを縞帳で見つけたが、名前がわからないままに「田楽絣」とよんでいる。

八掛は柳葉色をつけてしゃれたいところを、珍しく共に近い葡萄色にし、胴抜きに仕立てたのは紙子《かみこ》のような張りをしんなりさせるためであった。

みっちりと目のつんだ結城は張りがあって、薄くても暖かく、そのまま横になっても皺にならず、起きて衿元をかきあわせるだけでしゃんとなった。

この結城のきものは、取材に行った時、手にいれたものである。

結城は紬《つむぎ》の王者として名高いが、土地の名前でもある。

東京から行くには、東北線に乗って小山で乗り替え、さらに水戸線の結城駅で下車してバスを使うか、常磐線の取手から関東鉄道で下館まで行き、同じ水戸線でも反対方向から結城へ出るしかない。

いずれの方法をとっても、乗り替えがうまくいっても三時間以上かかる。

しかしその不便さが、逆に土地の人びとの純朴さや、紬づくりへの愛着を失わせないのであろう。道を訊ねて教えてくれたお婆さんが「お大事にいってらっしゃい」と見送ってくれるような土地柄なのである。

筑波嶺《ね》の新桑繭《にひぐはまよ》の衣《きぬ》はあれど君が御衣《みけし》しあやに着欲しも　万葉集

筑波は常陸国《ひたちのくに》筑波郡地方、筑波山南西の地をいうが、筑波山の麓《ふもと》という意味と、土器や石器の出土や河川にかこまれた肥沃な土地から推して〝新桑繭の絹〟は、結城の絹とする説がある。結城紬の歴史は古い。

古いばかりでなく、その原始的な技術を、いまなお保ちつづけているところに結城紬の所以《ゆえん》がある。

原料の真綿は、蛹《さなぎ》が成虫になって繭を破って飛び出てしまった出殻繭《でがらまゆ》、糸口が見つからない屑繭、二匹の蚕が一緒になって作った玉繭を用いる。いずれも正常な方法で生糸をとることを基準にすれば等外品であるが、この真綿からとった紡ぎ糸は、同じ繭からとった生糸よりも強《きょう》靭《じん》な持ち味を発揮する。

繭はまず煮る。温湯の中で引き伸ばし、正方形、または袋状の真綿にするが、手紡ぎには袋綿のほうがよいとされている。

糸紡ぎをする前に、白胡麻の油にひたし陰干しにするのは、糸のきしみを滑らかにするための知恵である。

乾いた真綿を〝つくし〟にかけて糸を引き出すのが糸紡ぎである。

〝つくし〟は五十センチほどの竹の棒を木の台にとりつけて固定させ、そのまわりに〝きびがら〟をとりつけた糸取り用具である。きびがらのざらつきが真綿をからみつかせ、糸の引き加減を塩梅《あんばい》する。

真綿は同じようでも、秋蚕《あきご》より春蚕で作ったものが引きやすく、繭の煮方や煮る時にいれる灰汁《あく》の具合でも左右されるという。

　熟練したひき手の糸取りは、蚕が糸をはき出すのに似ている。引きのばした雲のように薄く、それでいて無数に錯綜した真綿から一条の細い糸がかすかなきしみとともにかぎりなく指の間からくり出されて、両膝の間にはさんだ〝苧桶《おぼけ》〟といわれる小桶に貯えられる。一見、自然でなめらかなこの糸紡ぎも、熟練と勘を要する仕事である。

　唾をつけた親指と人差指で糸口を引き、糸によりをかけて、再び糸を引く。婦女子や老婆の仕事だが、目ききによれば若い人が引いた糸のほうが艶があるという。

　目には一定の細さで引かれた糸も、拡大して仔細に見ればからみあい、多少の太さ、細さがある。しかし、これが機械ではできぬふくらみをもつ暖かな糸、三代着られるというほどのしたたかさをもつ紬を織り上げるもとになるのである。細く強い糸のために、引き手の指先が切れることも、たびたびあるという。

　苧桶にふうわりと糸がたまると、管《くだ》巻きにかかる。小さな木の糸操車《いとくり》にハンドルがとりつけられている。左手の指の間で糸の調子をとりながら、右手でハンドルを回す。糸が、次第に巻きとられる。糸操車が、からからと音をたてて回る。古風な歌声が聞こえてくるようだ。細い糸がもつれないように、つやつやした堅豆《かたまめ》を押えに置くのも、古代からの知恵だろうか。

　管に巻きとられた糸は、もう一度、枠に巻き直してから綛《かせ》とする。

　綛は天井に所定の糸の本数によって取りつけられ、ここからそろえて糸を引き出して、一間幅に十を超える杭と杭との間を左右しながらはたのべがされる。この〝のべ台〟によって経緯の糸の長さと本数を決める仕事を〝整経〟という。

繭から生糸をとる作業にはじまって、管巻き、綛上げ、整経の仕事は、糸を機《はた》にかけるまでの下準備であり、現在は機械でも行えるが、結城紬は手仕事なのである。

　ほんとうの紬糸を紡ぐには、人間の指先をもってしなくては、生れない。

　　細ぼそと命つむぐや五月闇　　悦子

絣を織るには、この段階で絣しばりをしてから染める。

特殊な方眼紙の上に設計された図案を基礎に、ぴんと張った織り糸の上に墨つけをする。墨つけを少しでも狂わせると、絣に乱れが生じ、織り上げるとき絣があわなくなって、柄が崩れる。

　墨つけに従って、防染のために綿糸で括《くく》る。一ヵ所でも力の均衡を失うと、そこから染料が浸みて絣が崩れる。絣括りの仕事は男がするが、根気とともに力が要求されるからだろう。細かい絣をあらわす織り糸は、柄によって何万個ものはた結びにびっちりと括られる。

　この間に引き並べた糸を揃え、乱れを防ぐための糊付け作業がある。

紺屋《こうや》といわれる藍染め屋に渡すと、染め師はこの綛を棒に通して藍瓶につける。糸が染まる。絞って土間へ向かってはたきつける。また染める。絞って、はたく。濃紺に染めるまでには、十回近くもこれをくり返す。

　はたくのは空気を持った糸のきわまでいれるためである。空気に触れてはじめて酸化発色する藍は、このような〝絣のたたき染め〟を要求する。

力まかせにはたきながらも、括り手の手加減が計算されている。

括る人と染める人と、お互いに相手を知りつくした上で成り立つ染め方である。それはまた、相手に対する思いやりの心であろう。

乾かして括り糸をはずされた絣糸は、こまかに白い斑点をのこす。みっちりと斑点のそろっているもの、一定間隔で斑点がくり返されたもの……。この段階ではどんな絣柄が織り上げられるか、見当もつかない。

絣糸は柄合わせをして、絣をしっかりと揃えてから、一本ずつ〝筬《おさ》〟に通す。

ぴんと張った均等に引き揃えた糸が巻きとられると、いよいよ織りにかかる。

重要無形文化財としての結城紬は〝手紡ぎ〟と〝居座機《いざりばた》〟の技術が条件である。

低く足を投げ出す恰好でかかる居座機は、古い。

原始的な機構と、経糸を腰にくくりつけて引っぱるところから、織機の始祖とされている。

一本ずつ織り込まれて杼《ひ》でたたかれた緯糸《ぬきいと》と、腰にくくりつけた経《たて》糸とのきっちりとくいこまれた緊密性が、薄手で強靭な織物をつくり上げる。こまやかな神経と、長い時間が絣を織り出す。

居座機で織る結城紬には、人間の精魂こめた愛情がある。手塩にかけた糸紡ぎから、染め手の塩梅加減と、織り手の打ちこみようの完全な協和音である。

結城紬をつくる人たちは、手をはぶくための機械の導入を行わない。古代からの伝統を頑《かたく》なまでに固守している。固守することが誇りでもあり、生きのびる方法でもある。

しかし、そんなふうなはっきりした自覚があってのことではないだろう。

割烹着《かっぽう》のおばさんが、力をこめて杼をたたく。背中の丸いお婆さんが無心に糸を紡ぎ、糸操車を回す。眼鏡をかけたお爺さんが絣を括り、鉢巻のおじさんが、頬に藍を飛ばせながらたたき染めをする。

結城では老人もまた、紬をつくる重要な担い手なのだ。

そこには、人間讃歌がある。


手にいれた平結城《ひら》は、その場で湯通しに出した。結城紬をよく知っている、地元の人にまかせたほうがいいと考えたからである。

湯通しは、織り着尺の工程中につけた糊を抜く仕事である。最初から完全に糊を抜くと腰がなくなり、表面がケバ立って汚れがつきやすく、丈夫さも半減するという。したがって、はじめは糸の中の芯に糊を残しておく。このために、張りがあって身にそぐわない。

着ているうちに表面のケバが取れて、二、三回、洗い張りをする頃には糸の芯の糊もぬけ、紬本来の光沢と風合いが出てくるのだ。

つくり手が時間をかけたものは、着手も時間をかけて着こなさなくてはすまない。ゆっくりと一生かけて着こなすだけの落着いた色柄である。そう思えば、はじめから身に添って、当りのいいきものよりも着こなしの甲斐があるというものだ。

私はこの結城を、仲の良い友人に形見に残そうと考えている。変転の多かった時代も今も、私を理解し、温かく包んでくれて、生きていくことを勇気づけてくれた人である。しっかりと着こんで馴染んだ結城のよさをわかってくれるのは、彼女をおいてほかにないような気がするし、よく似合う彼女でもある。

私自身も、ある程度の頑なさを身につけた年代になってきた。

紅花《べにばな》――植物染料のこと

行末は誰が肌ふれむ紅の花　芭蕉

紅花を買った。

五月の末の夕方、買物に出て花屋の店先に見つけた。

ひときわ目立つ橙《だいだい》色の花群れが暮れてゆくなかで灯をともしたような明るさであった。紅花は薊《あざみ》に似た背の高いキク科の植物で、細長い葉が交互に次第に小さくなって茎を登りつめたところに丸っこい萼《がく》がある。その先に線香花火の輝きを束ねたような細い花弁が放射状に咲く。蕾《つぼみ》はおちょぼ口のようにすぼまっている萼から、ぱらぱらと橙色の細い花びらをひろげていくのであるが、その萼は八重咲きの花にも似た葉状の棘《とげ》がついていて、触れると鋭く指を刺す。

このために紅花摘みは朝日の昇り切らぬ前、まだ露に濡れている棘が柔らかいうちに行うという。

紅花は植物染料として、紅の色の代表的な原料である。

ドライフラワーになりますよといわれたが、花瓶に挿して二、三日すると、橙色はすこしずつ花芯から鮮やかな紅に変っていく。その紅色はきものの裏につける紅絹《もみ》の紅《あか》さであり、玉虫色に光る京紅《きょうべに》は橙色も含んでのことだったと、気付かせられた。

花の命は短くて、一週間というのも、身近に色の移り変りを見ているとうなずける。

「川霧紅花、山霧煙草」という言葉が山形にある。紅花は川に霧がかかると紅の含有量がふえるという昔からの言い伝えである。川は最上川、この流域が紅花の栽培に最も適しているのである。

観賞用とは違い、四月早くに種を播き、七月に開花したものを朝早く摘みにゆく。薄明のなかのいちめんの花明りはどんなにか美しかろう。

紅色の花は「くれない」ともいう。

紅《くれない》——は「呉《くれ》の藍《あい》」がつづまったもの。

その言葉のように中国から渡来してきたが、藍そのものではなく、藍が日本の代表なら、呉の代表色が紅という対比として生れた言葉らしい。

『延喜式《えんぎしき》』に見られる当時の貴族の装束では、韓紅《からくれない》、中紅《ちゅうくれない》、退紅《たいこう》の三色に染められて、紫につぐ位の高い色としている。韓紅は最も濃い紅である。

「外《よそ》のみに見つつ恋せむ紅の末摘花の色に出でずとも」と『万葉集』にあるように、紅花はまた〝末摘花〟の別名をもつ。花の先を摘んで染料とするからで、末摘花は『源氏物語』の一章をなす女性でもある。

普賢菩薩《ふげんぼさつ》の乗っている白象の紅い鼻のように「あさましう高うのびらかに、さきの方すこし垂りて、色づきたる」鼻は格別にいやらしいと、その花に鼻をかけて源氏に「いや、もうどうにも面白くない」と興ざめさせた気のきかない女性として描かれている。


同じような赤い色を出す植物染料には茜もあるが、とくに紅花が珍重された理由は、あざやかな紅の色と、薬用としてその布が皮膚病や疱瘡《ほうそう》よけにきくという民間信仰からでもある。

インドではいまも額の真ん中に紅をさす風習が残っているが、これも魔よけのまじないであった。

古代エジプトのミイラを包んだ布や、約二千年前の中国蔡侯墓の出土品にも紅があったように記憶している。信仰ばかりでなく、実際に効用があったのだろう。紅を食べると血がきれいになるとか、紅を着ると暖かいと昔からの言い伝えを知る人も少なくなった。

緋縮緬《ひぢりめん》の腰巻、長襦袢《ながじゅばん》、それに戦前まで、きものの胴裏は紅絹《もみ》をつけた。紅絹というのは文字どおり紅く染めた絹のことで、紅花をもんで染めたとか、紅葉《もみじ》の色だからとかいわれている。

戦争で絶滅寸前まで衰退した紅花と、戦後の白い表地の流行によって、胴裏はきまったように白となってしまった。紅絹の胴裏は古くさいとばかり、付け替えたいという人もいる。貴重品になった紅絹をやりくりして、袖裏分だけつけるほど私は大切にしている。黒地や紺系統のきものには、白では淋しい。未亡人は白い袖振り、地味なきものを着ても、年をとっても、裏には紅絹をつけたと聞いたことがある。

鮮かな紅さは、表が沈んだ色合いでこそ映えるともいえる。後ろ姿の、ちらと見える袖振りに、身を包む胴裏に女の情念の証《あかし》を残しておいたのだろう。

歌舞伎の衣装でも、黒紋付に白衿の裏を返して紅を見せる着付けは、凄艶この上ない。流行だからと、なにもかも白にする必要はないが、紅絹の裏は汗ばむと色落ちするので、白や淡色のきものには向かない。

着尽して脆《もろ》けた紅絹は、戦前は〝はたき〟にして塵をはらった。小裂《こぎれ》でも絹だからあたりが柔らかく、漆器をふいたり包んだりするのにこの上ない。細く裂いて緯《よこ》糸のかわりに打ちこんで織り上げた裂織《さきおり》の帯は、紺の経糸に紅さがぼうっとにじむように美しかった。

安土・桃山から江戸時代にかけて、全国の七割を産出したほどの山形の紅花の全盛期は、友禅染めや紅化粧の流行した元禄時代であった。明治になると植物染料は、発明、輸入された化学染料に取って代られる。手軽さと色の安定度からくらべれば、手間のかかる植物染料はとうてい化学染料にかなわなかった。

中国から輸入された紅花は、内地産に追いうちをかけ、絶滅寸前にまで追いやられる。それでも命脈を保っていた紅花の二度目の危機は、第二次世界大戦であった。紅花は、まったく絶えた。

この紅花がよみがえったのは「なくならないうちに、残しておかねば」と考えて、種を訊ねまわった土地の古老と古い種との出合いによる。

播いた種からやっと二本だけ育った紅花は、何年もかかって再びわずかずつふえはじめる。古老の種を受けついだのは、郷土の紅花研究家たちであった。

その中の一人、袴地織りを業としている新田秀次氏を訪ねたことがある。それまで原料生産地にすぎなかった山形の紅花の、染めを手がけている人である。関係者の協力を得て、手さぐりではじめられた頃であった。

奥さんの富子さんが、紅花染めを見せてくれた。

桶の中の赤黒い汁に、黄色の花びらが沈んでいた。花餅に水を加えて、手でもんだものである。

一回目、二回目は黄色の液になる。紅染めとしては使えないが、貧しい人たちの衣服を染めるのに役立ったという。

黄色が出なくなった三回目の液へ、灰汁（弱アルカリ）を加えたものが、紅染めの原液になる。原液を三十度に温めた中に生糸の綛《かせ》をいれると、まず金茶色に染まる。そこへ酸をいれて中和すると、黄みはみるみる桜色に変っていく。

綛をまた、浸す。ゆるく、絞る。

くりかえすと、一息ずつ色が濃さをましていく。

紅花は摘む時期が短く、一日おくれれば品質が落ちるという。摘んだ花びらを水洗いして繊毛を流す。臼《うす》で搗《つ》く。三センチほどの厚さに筵《むしろ》の上に敷き並べ、二昼夜まんべんなく水をやり、中間発酵させるのが「花寝《はなね》せ」である。

次に筵の上から足で踏む。ねっとりした花びらを、再び搗き、煎餅《せんべい》のようにのばして、天日で乾しあげる。

これが江戸時代から伝わる、花餅の製法である。

花餅を作るまでの工程を機械化して摺《す》るという方法も考えられているが、紅の和やかな色が出にくいような気がする、と富子さんはいった。

発酵させる工程も、やはり機械より人の手と勘のほうがまさるのだろう。

染めるときの酸のいれ具合も難しいという。濃い色に染めるには染液を濃くし、同じ手順を十数回もくりかえさなければならない。

朝早く起きて、露のあるうちの紅花摘みにはじまる一連の辛い労働によって、紅染めは成り立っている。

機場を持つ新田氏は、紅花だけでなく、ほかの植物染料も研究している。栗の皮で染めた茶色、くるみの薄茶、梅の鼠色……。

紅に藍をたすと灰紫。これは二藍《ふたあい》とよぶ。呉の藍と日本の藍の二藍である。その藍に鬱金《うこん》を加えると緑が出せる。なんという組み合わせによる色の不思議さ……。

植物染料で染めた真綿の見本は、まるでとりどりの綿菓子のように甘く柔らかく見えた。

この真綿から糸を紡いで織り上げた紬は、虹とも、夕映えとも思われた。

最後に見せられた薄暗い座敷の衣桁《いこう》にかけた打掛の美しさを、忘れることはできない。ちょうど前の年に結婚したお嬢さんのために染めた花嫁衣装であった。

白綸子《りんず》のたっぷりした裾袘《すそふき》は、紅花で染めた桃色で、かすかな紅の息づかいが表地にぽうっと映っている。

「紅の色は年月がたつと、薄れていきます。でも、考えようによっては、女が年をとるのと同じで、そのためにいくつになっても着られるのがいいのではないでしょうか」

ゆっくり、ゆっくりと富子さんは語る。

(色が年をとっていく、人間と同じように)それでこそ、生きている色なのである。

自然からとった色は、いくら寄せ集めても自ら調和がとれる。調和がとれるばかりでなく、さらに人間をより美しく引き立ててくれるのである。

夏

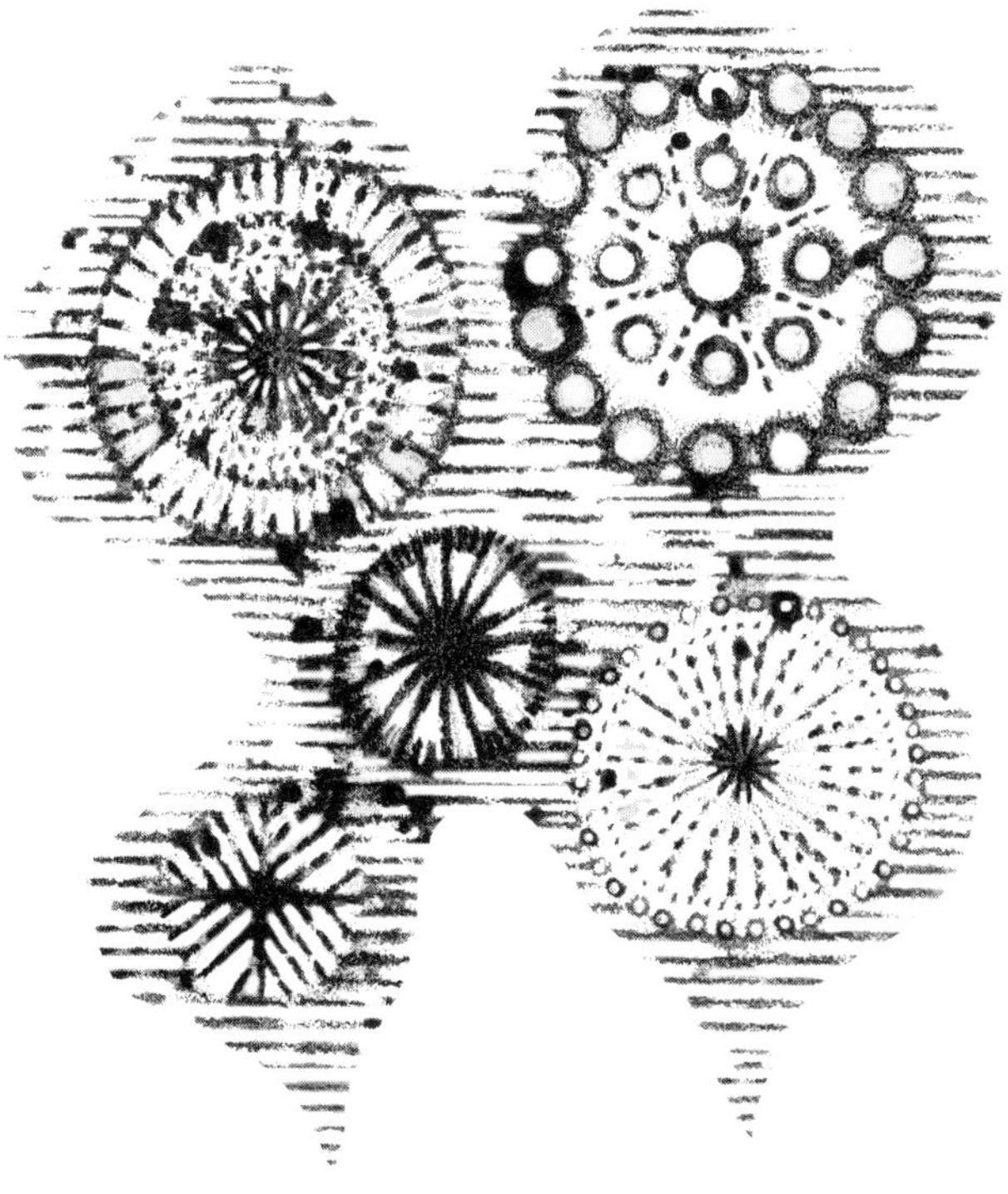

六月

衣《ころも》替《がえ》

芥子も一重衣もひとえ風渡る　　たかし

六月一日の朝、セーラー服は紺から白に変る。

この日を衣替ときめたのは、学生の制服のしきたりからだろうか。

昔、宮中では四月朔日《ついたち》に冬装束から夏装束へ、十月朔日は夏から冬へと、装束ばかりでなく調度も替えるのが年中行事のひとつだったという。

江戸時代になると、幕府が四月朔日から五月四日までは袷《あわせ》小袖、五月五日から八月末までは帷子《かたびら》、九月朔日から八日までは袷小袖とし、翌九日から翌年の三月いっぱいは綿入れ小袖ときめ、民間でもこれにならったという。

旧暦であるから月にずれがあるが、九月九日の〝重陽《ちょうよう》〟を綿入れ小袖の着はじめとしたのは、この日の前夜菊の花に綿をかぶせておいて、移り香と露を含んだその綿で躰を拭うと延命するという中国の故事にならったのであろう。

四月朔日という姓の人がいて、「わたぬき」と読むと聞いたことがある。川柳にたしかそんなような句があったから、本当かもしれない。

現在では六月と十月の一日をもって衣替をする。きものが中心になって、袷から単《ひとえ》に変える。

単の軽やかさは、裾にある。足取りのはずみは心までも軽くさせる。外には青葉がある。青葉越しの薫風が、袷とちがって単の背中にじかに感じられる。気が早い人はきものと一緒に足袋まで単にする。

（一枚脱ぎすてた）というような、実感のこもるさわやかな六月である。

都会に住まうと、花が咲き、木の芽立ちに気づかされる春ほど目に立つ六月ではないが、和服では九月とともに、一番こまやかな配慮が必要な月である。

きものは単。ふだん着は五月の薄暑の日に単を着はじめるが、礼装関係のきものは六月一日をもって単とけじめをつけておきたい。月はじめの帯はまだ五月のつづき、袷の帯も締めるが、八寸名古屋の軽さがふさわしい季節でもある。

六月の結婚式に招かれる人は、仲人以外は訪問着や色無地の準礼装で略す人が多くなった。ただし、きものの柄や帯の組み合わせは格式を残しておいたほうがよい。

帯も袷から夏帯へと移り変っていくこの時期、五月にくらべると梅雨と夏の日が交互にやってくる不順なときでもある。年中きものの人は、袷から一足飛びに薄物へと衣替するほど大ざっぱではなく、同じ単でもふだん着に紬、木綿、薄手のウールと着分ける。

六月一日にはっきりと変るのは半衿。絽《ろ》の夏物にする。絽目のある麻は、七月にはいってから使いたい。きものにしても半衿や長襦袢にしても、麻は七、八月のものである。長襦袢も晴れた日には絽でもよいが、梅雨冷えにはなんとなく寒ざむしい。お天気と表に着るきものとの色も取り合わせによって、絽か綸子かをきめよう。

この頃はきものも長襦袢も絽縮緬《ちりめん》なぞにはお目にかかれなくなったが、透けないものの次に絽縮緬がきて、絽、麻、というように、昔はずいぶんときめがこまかかったものである。

大事なのはきものや帯の柄模様。燕子花《かきつばた》はもう盛りをすぎているが、六月二日は光琳忌。有名な『燕子花図屏風』にちなんでうるさくいえば、その日までならふさわしかろう。おしゃれは、着る間の短さを惜しむよりも、季節を先取りする心である。花に先がけて着てこそ映え、散ってからいつまでも着ているのは「すさまじき」と清少納言もいう。それでもこの月に絽のきものを着るには、まだ早い。

燕子花よりおくれて、華麗に咲く花に花菖蒲《しょうぶ》がある。濃紫《こむらさき》、淡紫《うすむらさき》、絞り、白と、濃き淡きとりどりの華麗さには金の綴《つづれ》の帯がよく似合い、品格を高める。きもので季節感をあらわせば、帯は雲、色紙など季節にかかわりない柄でもよい。この紫と金との取り合わせの、いきつくところは濃紫の色無地と金地の帯ということになろう。

花菖蒲よりもくだけるが、同じ白と紫の花に鉄線がある。四つ目垣に鉄線をからませた風情のある付け下げに、鴇《とき》色地に観世水《かんぜみず》の袋帯ならば艶があって涼しげ。若い人には百合や罌粟《けし》の花柄も華やかでよい。

竹は松竹梅と吉祥柄のひとつで四季を問わないが、この季節に着ると若竹を連想させる。若い人から年配までの柄として、きものにも帯にもよく使われるが、竹柄の訪問着のすっくりした幹には丸紋や青海波、扇面の袋帯、女竹《めだけ》の優しさには亀甲、有栖川などの幾何学的な模様が似合う。ことに有栖川はその角っぽいつなぎに鹿を織り出した格調高い紋様で、新緑の奈良の子鹿、秋の夫妻鹿、妻恋う鹿としても使え、薄《すすき》の柄のきものならば『万葉集』の古歌が思い出されて奥ゆかしい。

さ男鹿の入野の薄初尾花いつしか妹が手を枕かむ

この月に着てみたいきものに、紗《しゃ》合わせがある。絽に紗、紗の上に紗と合わせて、単仕立てや毛抜合わせに仕立てるが、透けて見えるだけに縫代の始末がむずかしいもの。

しかし、なんと粋なきものであろう。下の草花模様が薄い紗を通してぽうっと揺らぎ映るのは、夢のように美しい。秋草ならば、初夏と秋口の両方に着られるが、贅沢なきものである。もともとは袷から単、単から袷に移るほんの一時期のきものと聞いたが、今様ならば六月と九月に着てもよいだろう。帯は綴、絽綴をきめこまかに締め分けたい。

染色家の木村孝先生の、露草色の熨斗《のし》目の紗合わせに、霞ふうな絽綴の帯を締められたあでやかな姿は、いまも忘れがたい。

中旬は梅雨がはじまる。冷えびえとした日には、同じ単でも木綿よりも紬のほうが頼り甲斐がある。絣の模様はいつでも着られるような季節を問わない柄が多いが、流水や燕などはこの月に着てこそ映えよう。ことに燕には雨の晴れ間をぬって、ついと飛ぶ軽やかさ、待つ心がある。

帯は紫陽花《あじさい》、著莪《しゃが》、渋いところでは茄子《なす》や鮎がある。青みのある紫陽花の染め帯は、後ろ姿にいっそうの風情を添えるだろう。鮎は落鮎《おちあゆ》として中秋まで使える。

染めのきものは湿気にあうと縮みやすい無地縮緬よりも、紋系統のほうがよく、染め大島や染め紬ならば気がはらない。

小紋には、蝶、沢瀉《おもだか》、笹竜胆《ささりんどう》、夏菊、月見草、浜木綿《はまゆう》などが風情がある。青あおとした緑のなかには、花柄のほうが引きたつ。

朔日の氷の節句にちなんだ氷割や渦巻などの小紋は、いっそう意味深い。きものにも帯にも花ではごちゃつきすぎるので、花柄の帯はこういった小紋に合わせよう。正調江戸小紋なら、木賊《とくさ》風通《ふうつう》や荒磯《ありそ》などの名物裂《きれ》の写しの帯を組み合わせると、格が改まって準礼装として気品のある装いになる。

梅雨の晴れ間には藍染め。小紋でも織りのきものでも、白と藍の爽やかさは、早春から初夏にかけてふさわしい。ことに浅葱《あさぎ》や地白の藍染めは、ゆかたにはない情感と深みをみせて、きりりと明るい。袷にしても単もよいが、藍小紋のなかでも両面染めは単にするための作り手の心くばり。ちらとひるがえる裾裏に同じ模様の色違い、またはおとなしく無地染めをしただけのものもある。

六月で忘れてはならないものに雨コートがある。一部式と二部式があるが、いずれも明るめの色を選びたい。

雨コートで大切なのはコート丈。長ければ歩きにくいし、短ければきものが濡れる。きものの上から着て踝《くるぶし》がかくれる程度がよい。ふだん着の織りのきものは、それより二センチほど裾短く着よう。よそゆきは雨に弱いものが多いので、腰のあたりまできちんと折返し、帯の下線のあたりをゴムベルトや紐で押える。

丈の調節がしやすいという点で、既成品を買うときには二部式のコートが好まれるが、よそゆきの感じは一部式の正絹がまさる。

二部式は「天気のよい日には半コートとして」というのがうたい文句だが、それには繻子《しゅす》より紬ふうな生地を選ぶ。ビニール製の雨コートは急の雨には役立つが、はじめからこれを着て出かけるのはいかにも味気ない。

十年ほど前、きものの取材で会った女優杉村春子の、紺の絵絣の雨コートに黒の塗り下駄、藤色の蛇の目をさしかけて車から降り立った姿は、まさに絵になっていた。

半衿からはじまって長襦袢、帯揚げと絽目のあるものがふえて、中旬も過ぎれば、そろそろ帯が夏物に変る。博多の単の夏帯は二重だいこに締める手間が嫌われて人気が落ち、あまり見かけないが、まだ早いかしらんと迷う時にも使えて便利である。

生《き》なりの麻の染め帯はしゃれてはいるが、芯をいれて仕立てなければならないために、締めて暑くるしい。

紗献上や紬紗の八寸は軽くて涼しいが、きものが夏物でなければ気がひける。

こんなふうに、しち面倒なことを言うから、きものを着る人が少なくなったとも思うが、季節のこまやかさを残しておきたいのは、食べ物もきものも同じだろう。

月末《つきずえ》のよそゆきには、絽の帯。きもの一枚だけに透けない単を残し、さあ七月からはすっかり夏姿、といきたい。

天然繊維と化学繊維

皮膚科の患者がふえたという。

婦人科も若い人が来るんです、パンティストッキングが原因ですって、と話してくれたのは大病院に勤めている若い人たちだ。

皮膚科も婦人科の医者も、化学繊維大反対とのことだった。

「やっぱりボディスーツなんかもよくないでしょう。あれ、オムツカバーみたいに前をはずして用をたすんですってね。だいいち、窮屈でしょうに」

日常の教室で若い人たちの脱ぎ着に接しているので、洋服に縁のない私も、次つぎに新しくなる下着はいやでも目にはいる。

「だから私は着ないの」

「着ないとお尻がたれるような気がして」

「パンティストッキングのほうが、靴下がずれてこないのよ」

ひとしきり賑やかなお喋りがおさまったところで、私はいう。

「スリップだって、木綿のがでてるじゃない」

「あれはだめなんです。脇がファスナーでしょう。ぴったりしすぎてかえって窮屈」
「じゃ、大きいのにすれば」
「いやだめ、そんなのは、ここのなくなったおばあさん」と、豊かな胸をさして笑った。化繊がよくないと知っている若い人でも、素材よりもまず、恰好のよさが先に立つ。若くない私は、不自然さがなによりも嫌いなのだ。

躰の変り目もあって、私自身も今年、生れてはじめて皮膚科にかかった。皮膚科なんて誰が行くのかしらと思うほど丈夫な肌だったのに、首筋が痒くてたまらない。

有難いことに二、三回の治療でぴたっとおさまったが「化繊は身につけないように」と注意された。

思いあたるのは、半衿以外にない。

もともと化繊の真っ白さは気にいらなかった。絹の柔らかな白は顔うつりも品もいいけれど、化繊の白じらは顔が浮き上ってしまうと、もう一人の自分がいう。

化学繊維だって、全部が悪いとはきめられないと化繊派は反論する。レーヨン、キュプラなどの再生繊維、半合成繊維のセルローズ系にはアセテートがある。ポリが頭につく合成繊維は石油や石炭からつくる。それをひとからげにきめつけるのはおかしい。だいいち、絹ばかりでは不経済で贅沢ではないか。それに、絹だって使っているうちに黄ばんでくる。そうなれば、気がひけてくる。

でも、化繊だって薄汚れが目立ってきて、洗っても落ちなくなる。黄ばんだ絹の半衿は染めて色半衿にすることができるから、腐っても鯛だ。

じゃあ、アセテートかレーヨンの交織にしてみたら？　いくらか天然繊維に近いだろうから、石油や石炭などの鉱物質からつくる合成繊維よりはいいのではないか、と化繊派は妥協案を出した。

そう、キュプラの裾よけはしなやかで裾さばきがいいし、洗濯もしやすいからね。夏冬通して使えるけど、この冬は寒かったから縮緬を重ねることにするわ、と絹派も承知した。

しかし、やっぱりもともと天然繊維の信奉者なのである。幸せなことに洋服を着る人にくらべて、ほとんど天然繊維ですごしてこられた。肌襦袢は夏は麻、そのほかの季節には晒《さらし》木綿が丈夫で一番、ふだんのきものは紬が主だから絹である。

木綿の絣や唐桟《とうざん》を着ても、真夏をのぞくほとんどの季節には絹の長襦袢。生活の九割がたを絹ですごすのは贅沢な気もするけれど、くりまわしての命の長さを考えれば、そうも言えないだろう。きものは十年、二十年前のものがまだ着られるし、とりかえ引きかえ長襦袢も五年は着ている。

毎日のことだからと、半衿は絹のものばかりでなく化繊を半分くらい使っていたが、かぶれるようならば威張って絹に戻りたいのである。それも化繊を着てみた上での言い分である。

二部式の雨コートは梅雨時に着ると、汗が流れるほどむし暑い。ポリエステル百パーセントのきものは、絹の長襦袢と足袋ばかり汚れて、自分は知らん顔である。静電気は汚れを集めるばかりでなく、裾さばきも悪く、足元で裾がつっぱらかる。紬や木綿のように身に添ってこないのは、天然のものではないからだろう。写真を見ても、どんなに派手に柄付けされたものでも、その堅い線から、これは化繊とすぐわかる。染め上りの色のよさも、絹にはかなわない。化繊は、袷のきものでも丸洗いができるということで、洗ってみたけれど、ただでさえ裏表がそぐわないのが、ますます空気をいれてふくらませたように目立つ。人肌のぬくもりを保って暖かい絹を着馴れた躰には、重くぴやぴやと冷たく、冬は不向きとおもう。いっそのこと裏をはがして単《ひとえ》仕立てにして着ると、裾合わせが崩れやすく、腰かけると前が広がっていく。はじめからあまり光らない、色目もあざとくないものを選んだのだが、プリントの派手さはふだん着には似合わないし、かといってしゃれて着られるほどの品はなく、すぐ飽きてしまうほど底が浅い。仕方がないので、これはもう外国旅行の着替え用ときめてしまった。

それでも、きものとして使えるものもある。絹とポリエステルの交織の夏もので、白地に紺の唐草模様と、黒地に紺の麻の葉の二枚。こまかな絣がちょっと見には夏大島に見えるけれど、本物よりは透けるから、詳しい人にはすぐわかってしまう。絣は抜染《ばっせん》だから、ぴしゃりと大島のようにあわないのは、値段で我慢する。絹とちがって、ふわつくところが気にいらないが、涼しいのはいい。じゃぶじゃぶ洗って吊しておくだけで翌日は着ていけるのも有難い。もう六年ほど着ているが、あとどのくらい保《も》つだろう。

同じ頃に着はじめたポリエステル百パーセントの絽の長襦袢は、撚りがきつい糸で織ってあって涼しかったが、経《たて》切れがしてきた。

もともと化学繊維は、洋服を着るイギリス人やドイツ人が考え出したものである。化繊の単のきものは五月や十月の涼しい日にはむくが、それはおそらく最も乾燥した大陸気候に似ている時期だろうし、むしむしと暑い日本にはかなわない。

さらに、洋服ときものという形の違いがある。きものは打ち合わせて着る形式であるから布と布との触れあい、保ちあいが重要なのだ。衿合わせ、裾合わせである。すべりやすさは衿元をはだけさせるし、裾が広がりやすい。歩くにつれてひるがえる裾は、すばやく元へ戻る性質が必要なのだ。

帯もまた、締り具合というものがある。すべりすぎる布はゆるみがちだし、かといって締まりすぎる布で作った帯も窮屈である。

日本の和装は形がきまっているだけに、きものも帯も、より高度な布としての味わいを要求されるし、その制約のなかで私たちの祖先は、さまざまな工夫を重ねてきてくれた。

かつてある幼稚園の会報に寄稿を頼まれた時「子供は木綿で育てろ」と書いて、もう十年にもなろうか。

健康のためばかりでなく、皮膚感覚を通じて育つ情感は大きい。はじめて着せられたよそゆきの絹の肌ざわりは、子供心にも残っているものである。

阿波しじら

東南風《あらはえ》が吹いている。

濃い緑が葉裏を見せてざわめき立ち、気温がぐんぐんと上る。木枯しと違って身近にとりかこむ風音は、躰のなかに荒あらしさを吹きこんでくるようだ。

六月だけど、そんな日にはゆかたを着る。

さっぱりした木綿の味に変りはないが、平織りの注染《ちゅうせん》、手拭い中形とよばれるものでなく、地染まりの綿縮《めんちぢみ》やしじらがいい。

ことに、しじらの波糸のざらつくほどの感触があう。糸のよりと織り方でさらりとした風合いの縮はどこかやさしげだが、経糸の張力の違いを利用して織られた粗い凹凸のしじらは、肌ざわりのきめが大まかなのだ。洋服でいえば、サッカーの味といったほうがわかりやすいだろう。明治初年、織り上げた布が夕立ちにあってしじら状をなしたところから着想を得て、海部ハナが創案したという阿波しじらは、名産の藍染めと結びついて県の無形文化財に指定されている。

同じ木綿の久留米絣の律義さや郷愁をおこさせる絵絣、ひき並べた経糸に細かな気くばりのある唐桟とちがって、しじらは経緯《たてよこ》にかっきり区切られた縞や格子柄である。その突き放したような明快さが好ましい。

ざらつくほどの粗い布味のしじらに手を通すと、夏が来る。吹きこんだ風の奔放さを、太い縞が受けとめてくれる。素足と裾の軽さに、身のこなしまで弾んでくる。

好きなのは、鰹縞《かつおじま》の阿波しじら。

一幅を三つに区切って、藍から、中藍、藍ねずと、色の濃さと縞の太さに変化をつけた、ただそれだけの単純さが美しい。鰹の背から腹へかけての色あいを呼び名にした縞だから、藍以外の縞は鰹縞とはいわない。土佐に近い徳島の、藍の名残と海の町を織りこんだ阿波しじらである。

もう二十年も前になろうか、若かった私は、開通したばかりの「こだま」に初乗りして徳島に遊んだ。

その頃、学生だったHの家が旅館をしていて、お世話になっているお礼にと、阿波踊りの見物に招かれたのである。

旧盆の八月中旬の三日間、夕方になると凪いでそよとの風の気配もない街のここかしこから、鉦《かね》の音につれて、湧くように踊り手があらわれる。

女は揃いの絵羽ゆかたに、きりりと赤い緒紐を頬にくいこませた編笠をかぶっている。これも揃いのゆかたを尻はしょりした男連は、向う鉢巻で白足袋のじかである。男と女に分かれるのは、それぞれの踊り方に違いがあるからだろう。地をはうような身のかがめ方、千鳥足にも似た足さばき、くねらせた手つきと、躍動的ななかにも個性のある男の踊り方に対し、女の踊りは手が揃っている。黒塗りの下駄の鼻緒が白い足袋に二筋に鮮やかな足元を、鉦の二拍子にあわせて前のめりに運ぶ。絵羽ゆかたのからげた裾から半分見せた桜色の腰巻がひるがえり、一瞬停止する黒と白の足元に、ひときわなまめく。上半身は固定したまま、かぶった笠のあたりまでかかげた腕の、手首から先だけがなよなよと動く。あやしげに誘うように揺れる。

夜目遠目傘の内と三拍子揃って、目深にかぶった傘の赤い緒紐の目立つ面立ちは、さぞ美しかろうと、せまってくる夕闇の中でみんな美人に見える。

○○連と染めぬいた万燈《まんどう》を先頭に、次つぎに市役所前に勢揃いする頃には陽が落ちて、大通りは煌こうとあふれるばかりの灯である。

両側にしつらえた桟敷にはさまれたその大通りが、踊り手たちの晴舞台なのだ。七時から約二時間にわたって、次つぎとくり出される踊りの群は、ここをせんどと踊り競う。囃子《はやし》の鉦も、ひときわ高くなる。

踊り手たちの熱気が、桟敷にも伝わってくる。その底にある素朴で原始的な陶酔が、むんむんと押しよせる。

踊る阿呆、踊らぬ阿呆という。同じ阿呆なら踊らにゃ損と、踊り手たちは踊り狂う。

踊り手たちが日常の鬱屈した想いを、開放された踊りという形で爆発させているように見えて、羨ましかった。

私は旅行者であった。

短い夏休みが終れば、東京へ戻らなければならなかった。日常から逃れるようにしての旅立ちであったが、戻らなければならないという意識が、逆に逸脱を希《ねが》うこころに拍車をかけた。飛び出していって、踊りの群に身を投げこみ、溶けいりたい欲望は次第にふくれ上り、胸中に渦巻いた。三日と限った夏祭りの踊りは、彼らにとっても平凡からの逸脱にちがいない。しかし、踊りが終れば、また、安らかな生活へ戻っていけるのだ。

高みの観客席で、踊りの狂気に身をまかせることもできず、日常との距離をその群衆とのへだたりにますます感じながら、私は熾烈《しれつ》に燃え上る内部とは反対に暗い眼をしていた。

その夜、いつまでも眠れない耳に、鉦の音が響いていた。夜の静寂の底から絶え絶えと、消えいるかと思えばまた続く単調な鉦の音に耳をこらしていると、四国八十八ヵ所をたどる巡礼の旅のこころにも似て、御詠歌めいた溜息がもれてくる。

鉦の音は夜を通し、帰る明け方のしらじらした朝の光がさし昇る頃まで続き、残像か、それとわからぬ絶え方でふっと消えた。

日ぐれ待つ青き山河よ風の盆　　林火

まだ暑さの残っている盛り、ゆかたの八つ口から吹きこんでくる風に、秋とわかる日がある。昨日とは違った風の立ちはじめる頃、毎年、かならず小包みがやってくる。

手渡されると、ころころと音がするが、栗のような堅さではない。徳島名産の〝すだち〟である。秋の知らせは、もう二十年も続いている。

開ければゴルフボールほどの小さな濃緑の玉が、粒をそろえて詰まっている。その、掌に包み込まれるほどの球型の、わずかな重みと可愛らしさ。柚子《ゆず》よりも小さくて、青あおとなめらかな肌。レモンほどきつくない香りを、鼻に押しあてて秋を嗅ぐ。柑橘《かんきつ》類特有のさわやかさを、ふかぶかと胸にすいこむ。

輪切りにすれば冷奴や卵豆腐の方形に、三日月に切れば土瓶むしの蓋の上におさまるつりあいも好ましい。そぎ落した吸口は、汁物を楽しませてくれる。同じ南国のかぼすよりも柚子に似ているが、幼い和やかさといった味と香りである。

はじめて小包みが送られてきた時、その思いがけなさにいぶかった。私の身の上が大きく変った年で、それまでのつきあいは絶えてもあたりまえなのに、転居先までよくまあ、はるばると訪ねて来てくれたと、その小さな実を握りしめて涙ぐむほど嬉しかった。

学生時代世話をしたというだけの関係、それも家賃をとっての商売だったのに、Hとのつきあいは、もう二十五年近い。

その当時、Hの母は女手ひとつで旅館を切りもりしていた。Hの学生時代は徳島を夜たって宇野で乗りかえ、明け方大阪について乗りかえると夕方東京に着くという一日がかりの遠さであったが、一人息子のために年に一度か二度、必ず上京してきた。

鰹縞の阿波しじらは、その時の土産のひとつである。

地味なウールに身をつつんだ小柄な彼女は、長旅の疲れをろくにやすめもせず、つくろいものやら洗濯に精を出すのが常であった。二、三日の泊りなのに芝居見物にも買物にも出ず、眼鏡をかけてちんまりとかがみこんだ姿に、私は祖母を思い出していた。

卒業したHが徳島へ帰り、旅館の跡をついだとき、誰よりも喜んだのはその母親だったろう。結婚して二人の子供の父親となり、旅館がHの代になってからも、すだちは送りつづけられてきた。

今年の春、Hから電話があった。旅館組合の寄合《よりあい》で上京してきたという。

「今度は明日の夕方、帰らなければならないので……とんぼ帰りで……」

なかば笑いにまぎらわせるような、語尾の消える言い方は、学生時代とあまり変っていない。みなさんお元気ときいて、はじめて母親が入院して、喉《のど》を切開し、流動食しかとれない状態を知った。

「そう」と息をのみこんで、それは大変、できるだけの看病をしてあげてといいながら、もう助からないだろうと予感があった。

抜けられない仕事のために、明日帰るという彼に、見舞を託す間もなかった。

スッポンのスープならいいかしらん、それとも寝巻のほうがと考えているうちに、数日が過ぎた。

週が変って、私はやっとデパートへ出かけた。小柄な母親にあうよう、Sサイズのガーゼの寝巻を見立てた。白地に藍の竹の色柄だけでは淋しいので、口元をぬぐうのに水色と黄色の花模様の透けて見える三重ガーゼのハンカチを二枚添えた。

目先の仕事にかまけて、日が経ちすぎていた。間にあうかしらんと危ぶんだのが、本当になった。

見舞品は彼女の亡くなったあとに届いたのである。おそかったと悔まれて、取り返しのつかない想いに心が重くふさいだ。

「苦労をひとりで背負って生きてきた人でした。楽ができる時にはどこへも行けず、何の楽しみも、友達もない人でした」と姑を看取ったHの妻は手紙をよこした。

旅館の采配をふりながら、子供を育て、看病をしたのはさぞ大変だったろうと思われるが、その礼状にはHの名前が書いてあった。

そういえばいつもそうだったと、夫をたてて表に出ない彼女の、ここにもう一人の受けつがれた旧い女の生き方を、亡くなった母親に重ねて見るような想いであった。

鰹縞の阿波しじらは気にいってすぐ仕立てたが、ひと夏に一度手を通すか、全く着ない年もあった。きものの仕事をはじめてからも、帰って寝るだけの忙しさでは、ゆっくりと着替える間もなかった。人前にさらされる身にとって、ふだん着の阿波しじらではとの気張りが眠らせておく原因にもなった。

阿波しじらのよさに気づいたのは、公の場から退いて家にいることが多くなったこの四、五年である。

さすが私の鰹縞もくたびれてきて、張りと凹凸を失い、着ればもたれかかるような弱り方である。今年こそは買い替えようとの心づもりに、ためらいが加わった。

いつものように、今年もまたすだちの箱が届けられた。その青い実に、阿波踊りも終ったとあの明け方の鉦の音を耳によみがえらせるのが常であったのが、(今年は新盆《にいぼん》)と、前もっての感慨が先に立っていた。

来年はこの鰹縞と同じ阿波しじらを探そう。そして、りんりんと鳴る風鈴の音にむかい、きっちりと帯を結ぼう、と生きている私は想う。

半衿

その当時の私は、全くひどかった。

朝、目が覚めても、一日をどう暮らしていくか、見当のつかない日が続いていたからである。出勤して采配を振い、時間との闘いのなかで次つぎと仕事をこなしていたのに、いきなり空白のなかに放り出されたのだ。

解放された時間を楽しむ余裕は、なかった。

四ヵ月にわたる人との葛藤と、膨大な仕事をやりこなして、極点まで追いつめられていた神経と肉体は、ふいに心棒を失って、無性に眠い日がつづいた。四年間かかって創り上げてきた基盤は自分の意と反対の方向へ動き出していたから、愛着や未練はおこらなかったが(これから、どうする?)という不安が、私をいたたまれなくさせていた。

なかば習慣もあって、毎日動きまわった。じっと座って考えて結論を出すよりも、動きまわり、働きかけるなかで、方向を見出さなければいられない気持であった。

私はその年の年賀状に、同じような立場でいた旧い友人に書き送った自分の言葉をしきりに思い出していた。

「零《ゼロ》からの出発、お目出とう。あらゆる可能性を秘めているという意味で、お祝いします」

しかし、実際に自分が同じ立場に落ちこんだとき、その言葉はあまりにも遠かった。自分をとり戻そうとする努力にもかかわらず、あたりかまわずの眠気と、醒《さ》めている時の焦燥が交互に私を支配していた。

散りかけていた桜が青葉にかわり、梅雨にはいった。二ヵ月、三ヵ月と過ぎていくと、もう働きかけるところは、ひとつもなくなった。

初夏のはじめ、私は山下公園のベンチに一人座って、海を眺めていた。平日だったからあたりには人影がなく、たった一人、近くのベンチに初老の男が腰かけてパンを食べていた。きちんと着込んだ背広姿から、この男もあてどない日を暮らしているのだろうかと察したが、こころは動かされなかった。

頭の上の空は暗く、重くのしかかっていて、その下に沈鬱な鉛色の海が漠とした広がりを見せている。

（どこへ、どの方向へ出発すればいいのか）降り出した雨に、私は蹌踉《そうろう》とした足取りで歩き出すのであった。

二日置きに取り替えていた半衿を、いつまでも放っておくような日が続いた。

外出するあてのなくなった私にとって、ゆかた一枚で過す夏がやってきたのだ。

半衿をつける仕草のなかには、外出する心のはずみがある。

その楽しみを知らない人は、ただ面倒に思うのだろう。そこをねらって、ファスナーつきや、昔のワイシャツのダブルカラーのような替衿が出現している。いずれも堅い土台の衿芯に、化学繊維の半衿がミシンでつけてあって、アイロン不要と手軽さがうたい文句。一見便利そうだが、ファスナーつきは衿肩まわりの引っぱりを糸針でつけるほどこまかな加減ができないし、ワイシャツ式は不安定でおさまりが悪く、だいいち脱いだとき色気がなさすぎる。いずれも堅すぎる衿山のかっきりした折れ目と、化繊の不自然な白さが、きものにはなじみにくい。

鋭角的な三角形に打ち合わせた半衿の、ふっくらと清潔な衿山は、きものの美しさのひとつでもある。ぴんと張った布具合は、付けた人、着る人の心のさまを表わす。すっきりとかき上げて乱れのない項《うなじ》は、馬蹄型にそれを囲う半衿の爽やかさがあってこそ引き立つ。

半衿は白、ときめられたように用いるのは戦後のことで、洋服の影響もあってのことだろうか。

戦前には豊かな色目で、ぽってりと厚みのある縮緬の無地や、変り織りで畝《うね》をたてたり、一目絞りで模様をあらわした半衿などがあった。卵色や藤色は中年用で、その柔らかな色目は肌を引きたてて、色気を漂わせた。

明治から大正にかけては、白縮緬に鶴の巣ごもり、絽縮緬には萩といった刺繍や、紫縮緬に紅葉の友禅などの濃い色衿が流行した。

半衿は肌に近い襦袢の汚れを防ぐためのものであることはいうまでもないが、同じ目的にきものの共衿《ともえり》と掛衿《かけえり》とがある。現在は一緒くたにされているが、共衿は共布でかけたもの、掛衿は別布と区別したい。

下着に別衿をかける方法は江戸時代以前に行われていたというが、小袖形式の衣服を重ねて着ていた頃からの、昔の庶民の発想なのだろう。

きものの共衿も同じだろうが、当初の小袖の裁ち方想定図を見ても、共衿はとっていない。時代が下って、寛文四年（一六六四）の反物改正令によると、それまでまちまちであった反物が、鯨尺で二丈七尺二寸（約十メートル三十三センチ）、幅一尺一寸二分（約四十二センチ）ときめられているが、これも裾をひいて着ていた時代だから、おそらく共衿をとる余裕はなかったろう。江戸中期に腕をふるった歌麿の浮世絵などに黒繻子《じゅす》の掛衿が登場しているのをみると、共衿よりも掛衿のほうが早かったと推定される。

きものの掛衿を共布でとるようになったのは、おそらく反物の大きさが今日のように幅約三十七センチ、長さ約十一メートル五十センチになった結果の裁ち方であるに違いない。

江戸時代の髱《たぼ》を出した髪型による抜き衣紋と、腰にかけて低く締めた帯近くまで見せる衿の打ち合わせの着方は半衿の見せ場となったのだろう。歌舞伎に残る女形の白い半衿の片側を返して紅を見せる衿元は、上方《かみがた》の芸者や遊女の役どころと聞いたが、広衿仕立てに半衿をかけるのでなければできない着付けである。

見せ場の多くなった半衿は、絞りに刺繍に友禅にと、その後のおしゃれをうながした。

しかし、この当時と違って衿をつめ、帯位置も高くなった現在の着方では広衿の長襦袢の意味が失われたように、こういったおしゃれな半衿も効果を発揮することができなくなったのである。

それでも、大島や紬などの地味なふだん着には、色半衿の遊びの場を残しておきたいと思う。約半年の空白ののち、どうやら私は立ち直った。心の支えや立ち直るための励ましを与えてくれた友人たちがいた。

いざという時には、人のすべてが見えるものだ。通り一遍のつきあいに過ぎないように思っていた相手が、かえって支持してくれたりもした。先輩や友人の温かさが解ったのも、こうした失意のときがあってのことだろう。

ある日、その中の一人から見舞の小包が届いた。

お礼の電話をかけた私に、十五も年上の友人は言った。

「なんですか、あなたらしくもない、威張って、ご苦労っていってればいいのよ」

下町育ちのわけ知りの言い方をする彼女であったが、ふっと優しく言葉を継いだ。

「明日はこの仕事があるからって、いそいそと半衿がつけかえられるように、早くなるといいわね」

送られてきたブランディはなくなってしまったが、そのひと言は腹の中に沁みわたって残っている。針をもって半衿を付け替えるたびに、いつになったらこのお返しができるだろうか、と考える。

七月

露草の花

鴨頭草《つきくさ》に衣色どり摺《す》らめども移ろふ色といふが苦しさ　万葉集

鴨頭草（月草）は露草の古名である。

夏から秋へかけて、都会では少なくなった空地の片隅、線路ぞいの土手の雑草のなかに、朝露をあつめたらばこうもなろうかと思われる爽やかな色、青い滴をしたたらせたような可憐さで咲く。明るい藍の色である。

近づくと、長さ三十センチほどの茎が地を這うように傾きながら立っている。茎の節ごとに柔らかな緑色の葉が対称的につき、大きな苞《ほう》から咲く二枚の花びらと長くのびた蕊《しべ》は、藍色の唇から白い歯をのぞかせて笑っているようだ。ひっそりと、声のない笑いである。

露草の蕾は、見のがしてしまう。桜や牡丹のように待たれる花ではなく、ある日、通りすがりに咲いているのに気づき、それが翌日には消えても、惜しまれるほど印象には残らない。

〝鴨頭草〟というのは、文字通り鴨《かも》の頭を連想させるからだろうが、月草はあて字だろうか。それが露草と替ったのは、消えやすい花とその色目に理由があるのだとおもう。

『万葉集』には、露草ばかりでなく、花や葉を使って衣に染めた歌が見られる。

橡《つるばみ》はドングリの笠を煮た汁で染めた黒色で、衣服令には「家人奴婢などの着る色」とされている。同じように黒や茶の染料には、榛《はり》（ハンノキ）の実や皮がある。土針《つちはり》（ツクバネソウ、メハジキの二説がある）の葉は緑色、藍色は山藍から、韓藍《からあい》は鶏頭の花汁の色である。燕子花《かきつばた》や萩の花もある。

〝斑《まだら》の衣〟〝絑色《しみいろ》ごろも（色どった衣）〟〝摺り染め〟などの言葉から推察すると、はじめは麻や葛の衣に花や葉を押しつけて上からたたいて色をつけたり、汁にしてむら染めにする幼稚な方法が行われたことがわかる。真赤土《まはに》といわれる赤黄色の土も、染料として使われたであろう。

紅花、藍の葉のように、搗《つ》いて発酵させることによって、染色の際の発色の効果があるのを知ったのは、中国からの伝来だろうか。古代の染料はすべて薬料としても有効ということだから、煮汁で衣を染めるということも早くから行われていたであろう。鉄器による煎汁が、鉄媒《てつばい》染《せん》という結果を生み出すことは、今日の車輪梅と鉄分の多い泥田のなかで発色させる泥茶大島と同じ理屈である。

木や藁《わら》などを燃やして作った灰は、そのアルカリ分が垢や汚れを落とす性質があるため、古代から明治になって洗剤が普及するまで石鹸として使われていた。

灰に熱湯をそそいで灰汁《あく》としたもので、桐の簞笥の灰汁洗い、わらびの灰汁ぬきなどを家庭でも行ったのは、火鉢に炭を用いた戦前である。この安全無害な灰汁の漂白作用は、織物に対しても同様な力をもっていて、白生地の精練も行えるほか、天然染料のおもな媒染剤でもある。藍染めに用いるための藍建てには欠かせないし、紅花から紅を引き出すための灰汁でもある。

現在でもきものの一部に残されている植物による染色は、こうした自然の組み合わせによって、より効果的な発色と堅牢度を探し求めた祖先の遺産である。草木染めともいわれる植物の樹皮、草根、花、葉などの色素を用いた植物染料は、明治になって合成染料が輸入されるまでの、きものの主な染料であった。

さきに挙げた草木のほか、藍や紅花を代表とし、茜《あかね》、紫草《むらさきぐさ》、桃、栗、刈安《かりやす》、梔子《くちなし》、蘇芳《すおう》、楊梅《やまもも》、胡桃《くるみ》、黄櫨《はぜ》、櫟《くぬぎ》、柘榴《ざくろ》、一位《いちい》などによる多彩な色目と複雑な色相は、日本の豊かな風土と自然が包蔵しているものであった。

いまも正倉院に残る布帛は、万葉に詠《うた》われていたような幼稚であった染めの技術が、蠟や板や糸を用いて防染することによって模様をあらわす蠟纈《ろうけつ》染め、板締め染め、絞り染めへと飛躍的な進歩の跡をとどめている。

むろん、この中国からの技術伝達と、日本の植物とに支えられたすばらしい染色品の数かずは、当時の庶民とは縁遠いものであったが、これらがその後の民間の衣服にもたらす影響を、当然無視することはできないであろう。

一方には、奈良朝から平安時代にかけての服制による色のきまりと色の調和が、色に対して深まりと広がりを与えたともいえる。

無地染めは色の安定をうながし、きまりの色はそれに似た色への憧憬をもたらせ、襲《かさね》の色目は色彩の調和の感覚を育てた。

色と柄による多彩なきものが庶民の身を飾るようになったのは江戸時代で、これも日本の土質で育った糯米《もちごめ》と、色に対するこまやかな情感と手の器用さが生み出したものである。糯米による防染方法を考えつくことによって、小袖は多彩な友禅染めで彩られる。同様に糯米糊による防染と精密な型紙作りの技術の合致が、江戸小紋を創り上げた。

これらの進歩発展のなかで、染色の素材が選別されることは自然のなりゆきであった。人びとはすこしでも染まりのよい美しい色、染めてからも変色や色落ちのしにくいものを選ぶようになる。

露草は、水にあうと溶けるように消えていく。その移ろいやすい色は、気まぐれな人の心にたとえられているほどである。同じ藍色の系統ならば、その段階的な色の深まりと、洗えば冴えかえる藍にはとうていかなわない。

長い歴史のなかで、露草は染料としての価値を失われるが、もう一度、再び蘇《よみがえ》る日が来る。染料としてではなく、水に溶けやすい性質を利用して、友禅や絞り染めの下絵用としてである。

花汁を絞って和紙に沁みこませた青花を、藍紙とも縹《はなだ》紙ともいう。藍紙を再び水に溶かした青い汁で、白生地に模様を描く。下絵にしたがって絞り染めのための糸くくりをし、色を挿しわける。白生地は華やかに彩られ、友禅の振袖に創られていく。染め分けられた絞りの付け下げが出来上る。

絞りは糸がくくられた段階で汚れをおとし、友禅は染め上げた後、糊をおとすために水洗いされる。

仕立て上った振袖にも絞りのきものにも、露草の青い色は消えて影もとどめない。いわば

〝縁の下の力持ち〟という役目である。しかし、科学万能のようにいわれている現代でも、露草の青花に代るものはない。

私の手元に一輪挿しがある。万葉草花と書かれた二十センチ足らずの木箱におさめられていて、球型の白い肌に露草が一輪、染めつけてある有田焼。

この花瓶は、七年間勤務した大塚学院を退くときにおくられた。同僚からではなく「おじさん」と呼ばれていた用務員からである。

半白の髪をきちんと刈りこんだおじさんは、六十は過ぎているように見えた。

電球が切れたといって、窓枠が壊れたといって呼び立てる私たちの依頼に、穏やかな笑顔で応じてくれる人であった。地味な作業服に痩せぎすの躰を包んで、すこし前こごみになりながら脚立《きゃたつ》に乗るのを、危ながって押えたりしたこともある。

花瓶とともに、達筆な手紙が添えてあった。なぜ退職するか知らないが、たいへん残念だという意味の手紙だったように記憶しているのは、思いがけない好意が印象深かったからだろう。

新しい職場に移って、私はその花瓶のことをすっかり忘れ果てていた。

何年かたち、私は彼の死を知った。

葬式に参列したかつての同僚は、彼がもと大会社の部長であったことを語ってくれた。

私はその夜、長くしまっておいた露草の花瓶を取り出した。両手で包みこむように持った球型の白磁の冷やかさに、確実に彼の死が伝わってきた。

露草の花は、声のない彼の笑顔でもある。

祭りとゆかた

ほおずき市へ行った。

七月十日、案内役は吾妻橋《あづまばし》の近くに住む女性で、その友達四、五人と一緒の賑やかさである。まず腹ごしらえをしてと鰻屋へ案内されたが、「八時にて店じまひ」と古い木看板が足を止める。未練がましく開いている格子戸からのぞきこむと、一間ほどのそれこそ鰻の寝床のような狭い店のなかには、シャツにステテコの懐かしい恰好で、でっぷり肥った店主が煙管《きせる》の一服。勝手元の威勢のいい水音では、あきらめるしかない。

いつもはあんな恰好しているけど、お祭りの時は股引半纏《ももひきばんてん》でいなせなんですよ、と彼女が教えてくれた。

きも吸い五十円、一番高い鰻重が千五百円で、店は汚いけどおいしいと、同行の一人が口惜しがる。炭焼きなのねといいかけて、備長炭《びんちょうずみ》とかことさらにかまえないのが下町だと思った。しちめんどうな能書きも見てくれもなしで、品書きと値段だけの看板で、味で勝負の気概が江戸っ子。八時でぴしゃっと店仕舞するのも同じこと。上方ならば、詫びと愛想で「また来とくれやす」というところだろう。

仲見世は人出で溢れていた。

わが庭のように、こっちから行きましょうと人混みを避けて裏道を行く彼女につき従って、仁王門をくぐった。

この日は御開帳。推古天皇の時代に、宮戸川で網をひいて得たという一寸八分の観音菩薩、浅草寺《せんそうじ》の御本尊は開かれた扉の奥におさまっているはずである。

煌こうとした灯影に、几帳の蓮の花が揺らぐように浮び上る。そういえば、三社祭の御輿《みこし》の飾りは網紋であった。

五月十七日、十八日に行われる浅草神社の祭は、江戸三大祭のひとつで、鎌倉時代から行われたという。市《いち》と祭りとはその成り立ちが異なるが、人出の多さには変りはない。

南の廻廊から見下ろせば灯の波。立ち並んだ店の葭簀《よしず》ごしのほおずきと風鈴が、廻り灯籠《どうろう》にも似て幻想をさそう。切ないほど哀しく迫る明るさである。佇《たたず》んでいる廻廊の暗さは迷いの此岸《しがん》ともおもわれる。

階段を降りると、客をさそう声がひきもきらない。葭天井から吊された屋形船や円形に造られた大小の忍《しのぶ》に、ガラス玉に彩色した風鈴が涼やかな音をたてる。

文字にすれば〝ちりりーん〟と、硬質の余韻を長くひく南部鉄の風鈴や、瀬戸作りの響きの乏しい音にくらべると、どこか幼いガラスの風鈴は、横にふくらんだ球型と形にならない赤や水色の彩色が、そのまま音になったようだ。

まだ下萌えのようなまばらな忍は、丹精で青あおと繁り、さぞ目も耳も楽しませてくれるだろうとおもうが、コンクリートの箱では吊す軒先もない。

一日に一度、たっぷりと水を張ったバケツに風鈴ごとつけるのが忍を育てるコツだという。そのためのガラスの風鈴なのだろうか。水につけた風鈴は金魚のように美しかろうと見とれていると、隣の店から声がかかる。

紺の法被《はっぴ》のよく似合うおにいさんは、その姿と同じように威勢がいい。

「さあ、下から見てよ」と、鉢植えのほおずきを高だかとかかげる。

なるほど、葉ばかり繁ったと思われる緑のなかに、ぽっと灯をともしたようなあかるんだほおずきが二つ三つ、隠れていた。葭天井から吊り下げたほおずきの鉢は、店が狭いためばかりではないと知らされる。

そのほおずきの袋を四つに割くと、丸く光った赤い実が顔を出すはずだ。丸い実を顔に見たてて千代紙を着せると人形遊びができる。ぷりぷりと張った皮を指で押して、へこみができるほど柔らかくなるまでもむ。実と袋の境目を爪で押して、ぐるぐると回ればしめたものだ。根のついた中の種を小さな丸い口からそろそろと引き出せるまでには時間がかかる。最後まで失敗しないようにとの気づかいが面倒でせっかちな子は、丸い実をもいで口を楊子でつつく。

ほのかに甘く、苦みのある種は子供の癇の虫おさえになるという。

すっかり種を出した実を、水道の水でよく洗って口にいれる。丸い口を唇の内側にあててそっと前歯で噛むと、ぐずっと鳴る。ふくらませたほおずきの頼りなさを舌の上でころがしながら、前歯をあてるときのかすかな緊張感……。

もうひとつ、掌にのるほどの小さな竹籠に盛った海ほおずきは、いまはあまり見かけない。

親指の爪ほどの平たいのと、細くて梅酢色をした薙刀《なぎなた》ほおずきは、子供の口にも消えそうに小さかった。

浅草ほどの賑わいはなくとも、神社の境内に並んだ屋台の縁日が、戦前はあった。暗い境内を背景に、両側に並んださして多くない店の灯のまたたきは、アセチレンガスの匂いとともに子供ごころにももの哀しく沁みこむ。

ソースのきいた焼きそばの匂い、べっこう飴の透きとおる色、指の間から生れでるしんこ細工の鳩。二本の割箸の先のあんず飴をからめるのに熱中している同年輩の子を、どんなにか羨ましく眺めたことか。

「買って」と口に出せないのは、夜店の食べ物は普段からやかましく禁じられていたからで、(卑しい子)と腹立ちをひそかな優越感にすりかえることは、子供でもする。

買っていいのは、ほおずきか塗り絵。四角に区切られた枠のなかにおさまっている塗り絵のなかから、かんざしの多い八重垣姫にしようか、藤娘か、それとも黒繻子の衿のお染かと迷う楽しみは、匂いや味の魅力にくらべると淡い。

そのあとは金魚釣りか、風船釣りのおきまりのコース。

長い袂《たもと》を汚れぬように搔いこんで、割箸の先のこより、針金に張った紙を濡らすまいと息をつめる。声に出して残念がるのは、今夜はもうおしまい、の惜しさも加わってのこと。

釣れなくても一つはくれる水風船の、ゴムの先をつまんで帰る道は、夜風が立って長い袂をなびかせる。

女の子のゆかたは平織り木綿に雪輪や手毬《てまり》や花柄。三丈もの（一反）ならば、三つの妹は短い袂、六つの姉は長い袂のお揃いができる。この頃は背丈も幅も大きくなって、十歳すぎると大人並みに近づくが、長い袂と肩揚げと腰揚げは残しておきたい。

「たんものおべべ」と呼んだ長い袂のきものは、たとえそれがゆかたであっても、元禄袖よりは一気に背がのびたように感じる。長い袂は、それをいたわり、持ち扱うことによって子供から少女への変りようを自然に躰で会得する。

ほおずき市も九時をすぎれば、人波は引く。

押しあいだった人がまばらになると、ゆかた姿が目に立つ。たいていは若い人だ。
二、三人連れ立って、一人は紺地になんの花かわからぬ大きな花の染めぬき、真ん中は黒地に赤、黄、緑の原色のネオンサイン風、もう一人は地白にぱっちりとあやめの花。濃い地染まりのゆかたは夜の闇にとけこんでしまい、かっきりと柄の浮き上る地白のゆかたは涼感をさそう。
ゆかたといえば日常に着る人は少なくなって、祭りや盆踊りのきものになってしまった。

桃山末期から江戸時代の初期にかけて盛んに行われたという盆踊りは、長い戦乱の後の平和に、民衆の喜びが手振り、足舞いの形となって現われたのだろう。揃いのゆかたで踊ることが流行し、〝盆帷子《ぼんかたびら》〟〝踊りゆかた〟と呼んだ。

盆帷子の〝帷子〟は麻を単《ひとえ》仕立てにしたきもののことで、ゆかたは〝湯帷子《ゆかたびら》〟を語源とし、当初は麻で仕立てた。

もともと湯帷子は、平安時代以来の上流階級の、蒸風呂や湯をあびる時に着た単の麻の衣であった。〝身拭《みふき》〟という言葉もあるところから、湯上りのタオル代りにも用いられたのだろう。

上流階級は絹、庶民は麻というはっきりした分かれ方であったのが、江戸時代にはいると急速に発達した綿の栽培、製織の技術によって、木綿が庶民の衣料にかわった。現在は名ばかりが残っている三河木綿は家康の母が奨励したことによるという逸話もあるが、三河地方ばかりでなく温暖の河内、大和のあたりは木綿の栽培に適していた。

それ以前の木綿は天竺《てんじく》木綿という言葉があったように、唐天竺、朝鮮からの輸入に頼り、一部は名物裂《ぎれ》として珍重されるほどだから、庶民の手にはとうてい及ばなかった。

吸湿性と速乾性にすぐれている麻は、夏の衣料としてふさわしいが、布とするまでには、木綿よりも数倍の手数と神経のこまかさを必要とする。速乾性はないが吸湿性もあり保温性ももつ木綿が、四季の変化のはげしい日本の気候にむく衣料として麻にかわったのは、当然のなりゆきといえよう。

栽培と製織技術の発達による量産は、木綿をいっそう庶民に身近なものにした。

このようなさまざまな条件に加えて、麻よりも染まりのよい白木綿が植物染料の代表の藍と結びついたことと、盆踊りによる普及が、全国的なひろまりをみせるほどの人気をあおったことは、想像するに難くない。

白と藍の対比の鮮やかさは、まず江戸庶民の心を捉えた。

縞、格子、絞り染め、中形と柄も出そろって、特権階級の日陰の用途としてしか用いられなかった白木綿は、庶民のつましい日常着として陽の目をあびる。

さわやかな木綿の味、さっぱりした柄ゆきのゆかたに、人びとはどんなにか身も心も弾ませたろう。

なかでも意気は縞に尽きる。

三筋《みすじ》格子の太縞には俠気、細縞には粋、太い吉原輪つなぎには勇みがあり、江戸の魚河岸の若者の威勢のよさには、さぞ似合ったろう。

白波五人男の勢揃いには、首抜きゆかたの男伊達。黒の定紋付きに紫の鉢巻、目尻に紅隈をはねあげた助六に着せるなら、さしずめ斜め縞の業平格子か。

経《たて》や緯《よこ》や斜めの縞は、俠気や粋に対する江戸庶民の憧憬と、心情そのものといえよう。

江戸前のすっきりした明快さをあらわすには、どうしても藍でなければならない。それも、藍の色が深ければ深いほど、白との境がくっきりときわ立つ。白は藍によって、藍は白によっていよいよ鮮明に浮び上る。

浮世絵の新分野として風景画の道を切りひらいた葛飾北斎が用いた藍を、さらにつきつめて〝ヒロシゲブルー〟としたのは、幕末、江戸八代洲《やよす》河岸の定火消同心の子、安藤広重であった。広重の絵が我われの郷愁をそそり、世界に名高いのは、こういった背景、ことに藍の色の力がある。

晒《さらし》木綿の平織りに鳴海《なるみ》絞りの優しさや小紋の柄付けのゆかたばかりでなく、紅梅や縮《ちぢみ》、綿《めん》絽《ろ》などの素材の豊富さは、むし暑い日本を涼しくすごすための、作り手の心づかいに裏打ちされた知恵である。四つ紅梅ともいわれるように、枡目《ますめ》に太い糸を織りこんだ紅海には、ふわっとした張りがある。

糸に強く撚《よ》りをかけて織った縮は、絹を原料とすれば縮緬《ちりめん》で、麻ならば小千谷《おぢや》縮。洋服にはクレープ・デシンやパレスがある。ことさらなにもつけず、ただひと言「縮」といえばそれは木綿をさし、さらっとした清涼感は戦前の男物のズボン下のステテコにも愛好された。

綿絽は絹の絽と同じようにドロンワークしたようなこまかな穴が縦に並べば縦絽、横ならば横絽とされる。

ほかに子供もののリップルがあるが、これは織り上げてから苛性ソーダ処理をして、表面に規則的な凹凸をつくったもので、布味に面白味がない。

つまらないといえば、ゆかたの柄も大味になった。紅梅や縮に、秋草や、流水に紅葉などをあしらった長板本染めを着る人が少なくなったからだろう。長板本染めは長い張板の上に布を張り、型紙を使って糊置きする。戦前には表に百合、裏に撫子《なでしこ》など表裏に違った柄をつけたものや、こまかな模様の二枚型も見かけたが、いまはそんなことをする技術も暇もないのだろう。たとえあっても、木綿にはもったいないと絹専用。

汗になったらざぶざぶ洗って着るゆかたには、謄写版のように木枠に張った型紙を上下させながら、糊を置いて布を折りたたんでゆく折付注染《おりつけちゅうせん》のほうが気が張らない。その折りたたむ布の長さから手拭い中形ともいう。

中形は柄の大きさを示し、糊置きをした布の上から口の細いじょうろで染料を注ぐところから、注染の名前がつけられた。模様を糊でかこって色を使うと、多色に染まる差し分けもできる。

長板本染めのようなこまやかな味はないが、それもまた家着としては気楽だし、ほかのきものでは着られない派手柄を着られるのも楽しみのうちのひとつである。

ところが近年は、この中形がますます大きくなる傾向がある。いくらなんでも団扇《うちわ》のような萩の葉や、八つ手のような紅葉は困ると文句をいったら、「いまの方のお好みで」と年寄扱いされた。

ゆかたにはもう、江戸前の粋が残っていないのだろうか。化学染料で染めたゆかたに藍の匂いをつけて〝藍染め〟とするものもあると聞いたから、油断がならない。

風鈴売りもほおずき屋も、葭簀でかこった二坪ほどの同じような店だが、どうせ買うなら紺の法被のほうがいきがいい。

売ってる人にもヤーさんと素人がいるんです、と耳元でささやかれて、見ると、派手な開衿シャツに太目のズボン。腹掛けに紺の法被が似合うのは、堅気のいなせな若者なのだ。

連れは、太目のズボンの前に進み出て、「おにいさん、これいくら」ときいて、高いわねえと顔をしかめた。

「なんだ、買わないのか」

「値段きいてから、買うか買わないかきめるのよ」とおそれ気もなく言い返す。下町の生れで、下町で育った人の歯切れのよさだ。世話好きで気風《きっぷ》がよくて人情味があって……。

細面の彼女に、棒縞のゆかたを着せてみたいと思う。一センチほどの同じ太さで、紺と白でかっきりとくり返される柄の棒縞は、ゆかたの中では曲《きょく》がなくて男物の寝巻にされていたけれど、縮の棒縞に黒地に献上柄を紅で織り出した博多の単帯を締めたら、さぞ似合うだろう。

それもふつうの帯幅ではなくて、六寸といわれる幅の細めの博多を、ちょいと腰低くやの字に結んで……。

その後ろ姿に並んで似合うのは、やっぱり紺の法被だなあと、思いつきを口には出さず、ひとりうなずくのであった。

女と夏もの

きもの姿の女性の絵で、一番好きなのは黒田清輝の『湖畔』。

遠く低い丘陵と湖を背景に、団扇を片手の上半身の女性の絵である。

豊かな髪を梳《す》き上げて後ろでまとめ、黄楊《つげ》の前ざし。ちらと見えるのは、珊瑚《さんご》の玉簪《たまかんざし》だろうか。下品に落ちず艶をそえているのは、淡い色あいの、ただ一点の赤みだからであろう。

顔は、粧《よそお》いの気配はない。

やや中高のふっくらした細面に、眉と瞳が愁《うれ》いを含む。きものは細い中藍の縞。縞のよろけ具合では、立涌《たてわく》だろうか。ゆとりがありながら、崩れぬ着方である。素肌に着ているのだから、絹ものではなかろう。かといって上布ほどの張りのないやさしげな肩の線からみると、縮だろうか。団扇にさえぎられて、わずかに見える濃紺の帯は博多の単かと、つい一つひとつ詮索している自分に気がついて苦笑する。

明治の時代に新風を導入したこの画家は、それまでの日本画と異なり、戸外の光の下で感覚的な新しい表現の手段を試みたのである。

いくらか、陽の傾いた午後の陽光であろうか。丘陵のなだらかさに女のまろやかな肉を、湖の静けさに女の精神性を想像させる。その女の着るきものは、秋草では柔らかすぎて甘く、棒縞では明快にすぎる。愁いの内面をあらわすさざ波立つ縞は、静まりかえった湖のひろがりとの対比にいっそう深まる。

刻々と移りゆく陽に内面の予感を察知した愁いと、均衡を保つ姿勢に近代的な新しさがあるのだろう。このように、きものが画中の人物と一体になった絵を、私はほかに知らない。

明治の画家の描いたきもの姿の女性は多いが、夏姿のほうが印象に残っているのは、なぜだろう。

黒田清輝から外光派を学んだ岡田三郎助の『萩』もそのひとつである。

繊細に蝶の浮び上るうす藍のきものに、赤い帯を締めている。その赤さは、きっちりと詰めて着付けた白い半衿の衿元や、ふうわりとふくらみをもつ長い袂や肩揚げの、幼さの中心の赤である。共の赤で花結びにした帯締めは珍しいが、丸ぐけだろうか。可愛らしく、帯にとけこんでいる。

白い線描きの蝶のうすものと、背景の花のない萩の交錯した群に、やがては育ち咲く優婉な女を連想させるが、その立ち姿のはっきりと見ひらかれた瞳は、少女にありがちな夢想や憧憬や甘えはない。

つややかな黒みがちの二重瞼の大きな瞳は、これから展開する人生と自分に、たじろぎを見せぬ率直さでそそがれている。少女のきものは、紗《しゃ》であろうか、淡く薄い。

上村松園の美人画の『春秋図』の秋で、洗い髪の女《ひと》の黒の明石縮をとおしてほの透けるのは、白地に朱の七宝つなぎの長襦袢。『待月』の露草色の紗にうつる朱の色はなまめかしい。


透けて見える布がことさらに女らしさを感じさせるのは、洋服もきものも同じだとおもう。洋服にはオーガンジィやジョーゼット、レースがあるが、きもののほうが織り方も透け具合も微妙である。この微妙さと豊富さは限られた形のなかで追求した布味の深まりがもたらした結果でもあるといえる。

夏に用いる薄手の布地、絽や紗から上布までをいまは〝薄物《うすもの》〟と呼ぶが、もともと薄物とは経糸と緯糸の密度があらく、透けて見える薄い布をいう。

古くは〝うすぎぬ〟(紗)と区別して、うすものの字に羅をあてたのは、同じ綟《もじ》り織りでも紗よりも羅のほうが薄さも透け具合もまさっていたからであろう。

鳥網から着想を得て織られたという羅の歴史は古く、二千年前の焦茶の菱文《りょうもん》の羅を見たことがある。中華人民共和国出土文物展のなかの、長沙の馬王堆の墓に埋蔵されていた布であった。精密な松皮菱型《まつかわびし》の入子《いれこ》文様の羅に、当時の中国の織物技術の高度さを知らされ改めて驚かされた。

この高級織物が衰退した理由は、有職織物として一般の庶民たちに用いられなかったことも大きな原因であろう。今日では夏帯としての羅が残っているが、これも高級品である。羅と同じように古い絽り織りに、紗がある。手にはいりやすい容易さや、透けて見える美しさから、紗を薄物の代表としたい。

ことに地紋を織り出した紋紗の繊細な陰影の美しさは、どこの国の服もかなわないだろう。黒や臙脂《えんじ》、紫などの無地があるが、見た目の涼しさからいっても、紺系統がすぐれている。下に白や水色の長襦袢を着ると、光線の具合と身のこなしで、水紋のように絶えず布が波立って見える。そのためにいっそう涼感がますのは、紺という地色が水を連想させるからかもしれない。

同じ素材で洋服を作っても、こうはいくまい。きものは洋服とは形がちがう。躰を包みこむというきもの特有の形と着方が、身のこなしや動きを、直接布に伝えるからである。布は人に着られることによって、美しさを発揮する。人はその美しさによって、ますます引き立つ。きものにおいて、布と人とは一体である。この効果がもっともはっきりとあらわれるのが、紋紗のきものである。

紗合わせは、この紗の繊細な陰影をもつ透涼感を意識的に生かしたきものである。

絽のきものは搦《から》み織りの一種で、経《たて》や緯《よこ》に絽目といわれる規則的なすきまがあるが、紗のように全体に透けることはない。夏の白生地の代表で絵羽や小紋に染めるが、秋草の柄が多いのは、涼感をさそうからであろう。淡色や白地の優しさは夜にこそよく映えて、陽ざかりでは夏の強さに負けてしまう。

紺の紋紗のきものは紗の袋帯を締めればちょっと改まった装いに、紗の名古屋帯や紗献上ならばおしゃれっぽく、黒の名古屋帯で略喪服にもなる便利さである。

美人の形容に「眼もと涼しげな」という言葉がある。涼しさは、爽やかさやすっきりした感じに結びつく言葉でもある。

ことに夏、美人に見える条件としては、きものも髪形もすっきりと装うことが第一であろう。しかし、それだけではどうも物足りない。

『湖畔』の女性にひかれるのも、紋紗のきものにひかれるのも、その陰影が深みとなっていっそうの艶麗さをあらわすからではあるまいか。

八月

上布——夏の涼しさ

夏の女のそりと坂に立っていて肉透けるまで人恋うらしき　　幸綱

一筋の糸が績《う》み出されていた。

老婆が苧《お》を口にくわえ、裂く。裂いた糸を結ぶ。結んでは、また裂く。

苧桶《おぼけ》といわれる小さな桶に、毛筋よりも細い細い糸がうっすらと溜ったまま、いっこうに増えていくともおもえない。

天空にあった秋の陽は傾いて、とろとろと秒分が流れていく。老婆のくり出す糸が時間と一体になる。

糸はどこからはじまって、どこで終るともわからぬ。

老婆は未来永劫のように座っている。

その母が、その祖母が同じ姿で繰り返しているように。

一本の細い糸はいのち。

生々流転、輪廻《りんね》に似ている。

夏のきものの涼しさにおいて、越後上布《えちごじょうふ》に優るものはない。布の張りが風を通し、暑気を払う。汗を吸いとって、たちまち乾き、肌に涼風をよぶ。

夏の織り着尺には、薄お召がある。夏大島、夏塩沢、駒上布、絹薩摩などのいずれもが絹。糸に撚《よ》りをかけ、しゃり感をもたせて薄手に織り上げ、それぞれの布味に特徴があって涼しいが、触れればひやりとするしんそこからの冷たさではない。

絹とちがう冷たさを、川端康成は『雪国』の駒子で「根の涼しさがあるようだ」と麻糸に重ねて描いている。

根の涼しさ、底からの冷たさといっても、突き放した端正な冷たさではない。麻の冷たさは夏の日、山あいの奥深くに流れる清水に渇きを癒《いや》すような、潤いがある。

情のこもった涼しさ、とでもいおうか。

「麻は皺になる」と嫌う人もいる。たしかに皺になりやすいが、霧を吹いてきちんと畳めば翌日にはしゃんと蘇るのである。絹ものとちがって、汗に汚れて当然の夏のきものの麻が、じゃぶじゃぶと家庭で洗えるのも、気張らないよさである。

夏中の暑さを、ひんやりと拭いとってくれる上布の涼しさは、皺も含めて、麻そのものの天性の資質なのである。

越後上布がきものとして織り上げられる過程には、どうしてもその背景の越後、なかでも取りわけて豪雪地帯である山間の魚沼地方の風土と人を語らなければならない。

越後上布の涼しさは、雪のなかから生れるのだと、ほんとうにそう思う。

越後には越後上布と小千谷《おぢや》縮《ちぢみ》がある。

同じ雪国の産でも、小千谷縮は現在ラミーなどの紡績糸を使用して量産しているため、値段も安いが着てみての涼しさがまったく違う。というのは、私が本物の小千谷縮を着たことがないからであろう。

小千谷縮は越後縮ともいい、平織りの上布の緯糸《よこ》に強い撚りをかけ、布にこまかな縮皺を出したものをいう。もともとの上布の涼しさに加え、肌あたりを柔らかく、いっそうの清涼感を出す技術を越後の人たちに伝えたのは、江戸初期、播州明石からやってきた堀次郎将俊であった。越後麻織物の中興の祖として、彼を祀った明石堂で土地の人びとは昭和五十一年に三百年祭を行ってその徳を偲んだときく。

五月十二日の彼の命日には明石祭が行われ市が立つという風習は、いまも残されているのだろうか。小千谷の人びとはその時を「すだれが揚る」「山が笑う」という。いかにも生活と密着した言葉である。

越後上布も小千谷縮も苧麻《ちょま》を手績《てう》みし、絣は手くびりでつけ、居座機《いざりばた》で織り上げる一貫した手作業による工程は、結城紬に似ている。縮の場合には湯もみ足踏みによるしぼとりによってしぼを出し、雪晒《ざら》しをした昔ながらの技術で織り上げたものに限って、国の重要無形文化財として「越後上布　小千谷縮」と並記し、他と区別する。しかし、生産量はわずかで高価なうえ、夏にきものを着る人が少なくなった今では、上布はあっても本物の小千谷縮はなかなか見かけることはできない。

越後上布の〝上布〟とは、上等な麻布のことである。衣《きぬ》が絹を意味したように、布はもともとは植物の繊維で織った織物の総称で、栲《たえ》や葛《くず》などの他の植物にくらべて麻の資質がまさっているところから、今日まできものとして命脈を保っているのであろう。

麻織物は絹と同じように歴史が古く、縄文土器にその布目文が残っている。

越後上布の原料となる苧麻は、大麻、亜麻などにくらべ衣料として上質である上、古代から中国や日本に自生していた。『万葉集』にも出てくるように、苧麻を刈りとり、水に漬けてから打ったり、青皮をけずり残した靭皮《じんぴ》の青苧《あおそ》で織り上げる工程は昔の面影を残しているが、越後の風土と人情がよりすぐれた織物を育てあげたといえよう。

一八三五年、江戸で刊行された鈴木牧之の『北越雪譜』は雪国で暮らす人たちの生活が描かれている名著であるが、また、越後の縮の背景をも知らされる。

「雪中に糸となし、雪中に織り、雪水に洒《そそ》ぎ、雪上に曬《さら》す。雪ありて縮あり。されば越後縮は雪と人と気力相半《あいなかば》して名産の名あり。魚沼郡の雪は縮の親といふべし」

牧之の住んでいた塩沢と小千谷、十日町が縮の集散地であり、そのあたり一帯の新潟県魚沼郡が縮の産地であった。

毛筋よりも細い糸を機にかけ、柄をあわせて乱れなく織り上げる気づかいを思うだけでも息がつまる。糸の細さと扱いの点では、同じ居座機で織る結城紬よりも根仕事であろう。

機にかけた糸は、湿気を失うと折れる。植物繊維であるから、折れるのは切れることをも意味する。このために越後の雪と湿気が必要なのである。二月すぎての暖かさに、雪が少なくなると機場のきわにわざわざ雪を集めて湿っぽくする。

麻糸がどんなに乾きと温度に対して敏感であるかは、西日のあたる部屋は糸が切れやすいという言葉でもわかる。東側の部屋で、北に窓がある場所が一番、機織りにむくという。麻は湿気を好むから、夏も冷たくて涼しいのだと着る人間はそう思う。織る人は難儀である。辛抱と根気に加えて寒さに堪えなければならない。冬の湿気は、寒さをしんしんと迫らせる。部屋中を暖めれば糸が切れるから、火といえばひざ掛けの下のあんか一つ。

機にむかっての孤独な作業は、行《ぎょう》に似ている。

暖かく恵まれた地方では、こういった辛さには堪えられないだろう。日本海へ向かって南北にひろがりをもつ新潟県は、肥沃な平野部では米作り、海では漁業と豊かさに恵まれているが、縮の織られていた十日町にしても塩沢、松之山にしても、孤絶した山間部にあった。

機に向かう根気と辛抱は、交通の途絶した雪の囲いのなかで鍛えられたのではあるまいか。一年の半ばに近い雪のなかのうずくまるような暮らし、息をひそめて、身をよせあって吹雪のやむのを待つ心は、越後の人たちの人情と辛抱を育てた。他国の人はそれを「お人好し」という。

しかし、黙々と機を織る姿には、一途な心がある。祖母がしてきたように、母がしてきたように、娘もまた機に向かって同じ模様を織り上げるとき、心も技も一つになる。こうして技術は長い間伝えられ、守られてきた。

織り子たちは、上々の縮を依頼されることが誇りでもあった。

はじめて上々の縮を依頼され、金銭を論ぜず、ことさら手際をみせよう、名をあげようと丹精して見事に織り上げた縮が晒屋《さらしや》から帰ってきたとき、銭ほどの煤《すす》いろのしみがあるのを見て発狂した娘の話は、『北越雪譜』のなかでもひときわ印象が鮮明である。

このように思いつめた心が、いまの私たちにあるだろうかと心うたれた。観音堂や鎮守の杜に、織り子たちが奉掛《ほうがけ》する風習は現在も続いている。最初に織り出した布の一端を切って、織り上げる機の無事を祈願する信仰心からである。彼女たちの信仰心もまた、人力を尽してもなお及ばぬなにかを、自然から学んでいたに違いない。

上越線の六日町を過ぎると、右手に巻機《まきはた》山が見える。さして高くないなだらかな山だが、この山の名にちなんだ民話を聞いたことがある。

貧しくて嫁の来てのない樵《きこり》が、山で美しい女に会い、嫁に娶《めと》る。神さまが授けてくださったのだろうと思うほど、気立てがよく機織りが上手であった。この嫁は自分の機を織る姿を見てはいけないといい、樵はそれを守っていたが、ある日、抑えられぬ気持から機場をのぞいてしまう。美しい女は蛇の化身であった。彼女はそのまま、巻機山へ登って、帰ってこなかったという。

同じような民話の〝鶴女房〟は、蛇ではなくて鶴の化身である。

古来このように機場への立ち入りをいましめる話が多いのは、機場がいかに神聖視されていたかを物語るものであろう。一心不乱、すこしでも心に動揺がおこれば、機にあらわれる。なかでも、とくに居座機に巧拙があらわれやすいのは、平常心と熟練を要する手作業だからである。

明石の堀次郎が越後織物の中興の祖とされているのは、彼によって指導改良された小千谷縮が元禄年間（一六八八～一七〇四）に、徳川幕府の御用縮と指定されたからであろう。

この当時の衣替の服制によると、五月五日の端午の節句には諸大名が〝菖蒲帷子《しょうぶかたびら》〟といって越後縮の麻裃《あさかみしも》を着用して登城したという。服装の歴史から見れば、それまで民間の主な衣料であった麻布が、木綿に取って代られた時代である。

紀元九百年代から献上されていた越後麻布は、ここに他の追随を許さぬ独自の地位と販路を確立する。

以前は布子《ぬのこ》といえば麻の袷、または綿入れを指していたのに、西鶴の時代の布子は同じ言葉でも木綿を意味するように変っていた。

糸にするまでの手のかかりようや、居座機による巧緻な手仕事にくらべて、容易に栽培と製糸のしやすい木綿は糸が太く、したがって織り上りも早い。それに加えて、染まりのよさや衣料としての丈夫さ、暖かさがあったから、各地で自家用の木綿が織られ、商いの対象にもなった。

麻織物のような手数と神経の使い方を必要としない木綿が常着としてひろまっても、麻の特質である清涼感は夏着としての王者であった。

このような木綿の普及は、それまでの麻織物にとって大きな打撃であったに違いないが、明和・安永（一七六四～一七八一）の最盛期には年産二十万反にも及んだという資料は、木綿が普及しながらもなお、越後の縮が人びとに愛好されていたのを知る手がかりとなろう。

私の手元に西脇新次郎編著の『越後のちぢみ』がある。九代目の当主新次郎氏宅は、豪雪地帯特有の石ののせてあるコバ屋根で、小千谷市でいちばん取引高の多い買継商としていまも残る縮問屋である。

『越後のちぢみ』には江戸末期から現代にいたるまでの、西脇家所蔵の帷子布が貼付されている。

生平《きびら》といわれる麻布は天然の薄茶色で、ぴんと張った布味と色は同じ植物繊維の芭蕉布に似ているが、もっときめがこまかい。

この上等なものを雪晒しし、真っ白に仕上げたのが白熨斗《のし》である。白熨斗は無地や小紋に染めて紋付とした。すべやかな肌ざわりである、雪の白さである。堅さのすぎない気品は、糸の細さと張りによるのであろう。

白熨斗を触ってみると、いわゆる裃小紋といわれる精緻な江戸小紋を染める下地に、夏の礼装の紋付にこの布が選ばれた理由がよくわかる。

白熨斗に手で撚りをかけた白縮のしぼのこまかさと柔らかさ。白縮のなかには、天保銭の穴を通るほどの薄手のものもあったという。

白さは雪晒しの白さである。雪の上に延べてこの白さにするには一週間を要する。ここでも清浄な雪と空気と太陽が必要である。

雪国の女の肌の白さも、天与のものと思う。

二本ごとに藍と鼠、白と黒の経糸《たて》を並べた細い経縞は男物である。経緯《たてよこ》の均衡がとれていなければ、縞は曲る。定規で引いたような細い細い縞には織り手の律儀さがある。

同じような男物でも、天保裂《ぎれ》写しの小格子は藍の色がなんと鮮やかで粋なことだろう。その下にあるのは明治末期の茶の小格子で、紺縞とともに男子の常着に用いられたとあるが、いま着ても新鮮なしゃれ味がある。

藍地に十字や井桁、銭形、花柄などの女物は、柄がこまかい。そのこまかさのなかに、忍耐がひそんでいる。

その初期の矢絣模様によって、仙田絣は御殿絣と呼ばれた。これは矢絣が御殿女中の着るものとされていたからであろう。

小千谷は紅桔梗縞、紺の弁慶縞は高柳郷、塩沢や六日町の地白や藍地の小絣など、地方によって特色が守られていたという。

その涼しさを思いあわせて、むしょうに着てみたいと思う。夏もきもので通す私にとっては、越後上布の涼しさはなににもかえ難い。

どれか一つといわれれば、細美縞《さいみじま》と呼ばれる生《き》なりに茶の濃い、淡い縞が雨足のように織りこんである柄を選ぶ。苧畑で幹がこすれた赤渋色の天然の苧の色で不規則に構成された縞は雅趣がある。細美縞ならば帯をかえて、生涯の夏に連れ添ってくれるだろうと、かなわぬ恋をこがれるように思うのである。

苧績みをする人を績子《うみこ》という。

私が会ったときの小和田の鷲頭ヨシさんは、九十二歳であった。七、八歳の頃から「おうめ」（苧績み）をやらされたと、ぽつりと語った。

苧の先をくわえて裂き、裂きながらつなぐ。ひねってから結ぶ。なめらかに手が動くが、経糸と緯糸では結び方が異なるという。

時どき、水をいれた茶碗を口へもっていく。

「水をくくまんとおはしらいで」と答える。水を含まないと口の中が乾くという土地言葉であった。

一年中、朝から夕方までそうやって座って、糸を績んでいるという。一日どのくらいの長さになるか訊いてみたら「隣の家まで」と笑った。三日がかりでやっと苧桶の半分と答える。

一反に必要な緯糸は、苧桶五つ。百二十〜百三十匁《もんめ》という。その軽さで、いかに麻糸が細いかがわかる。いかに一反の糸が織られるのに日数がかかるかわかる。

績子の平均年齢は七十歳を超える。県内で六百人ほどいるなかで、手の良い績子は三、四十人しかいない。一日績んで、四十円という賃金の安さも、後つぎになり手のない原因であろう。

それから十年経った。十日町から六日町へぬける道は整備、拡張された。町ぐるみ染め着尺へと転向した十日町織物の繁栄のもたらした結果だろうか。松之山も六日町も、ホテルが並んで、温泉地として客を誘致している。

長い歴史の麻を捨てて、売れゆきのよい絹に転向し、合理化と工場量産方式に踏み切って昭和四十年代にめざましい繁栄を誇った十日町織物にも、最近はかげりが出てきていると聞く。世の中全体の不況もあるだろう。染めのきもの、きらびやかな色ばかりがきものだと考えている消費者も多い。ことに夏はほとんどが洋服ですごす人たちを見ながら、なぜ産地が麻織物を捨てたかとは身勝手で言えない。

一反の縮を織り上げるまでの辛苦に対する賃金の安さは、どこで報われたらよいのだろう。手間賃の高くて気楽な仕事の札紙《ふだ》づくり、スキー場やホテルのアルバイトへ流れていくのも無理はない。自動車や工場やホテルの煤煙で、雪晒しができなくなってもう十数年もたつ。

それにしても、一反百万円を超える値段もついてしまった越後の縮や上布を着られる余裕のある人が、どれだけいるだろうか。庶民の手のとどかなくなった高価なきものは、骨董品か資料のように、博物館で眺めるしかない。

あまりにも多くの問題点が山積しているのをよそ目に知りながらも、私は越後の縮が残ってほしいと思う。越後の縮に、理屈を超えた愛着をもつ。いまも仕事を支えている無名の数少ない人たちに、祈るように思う。六日町の鈴木苧紡庵氏は、越後の上布と縮を支えている代表者である。

私の母方は、越後高田の出身である。嘉永三年（一八五〇）生れの曽祖母石田キンは、榊原氏の御祐筆小倉家の出で、その死に五歳であった私は立ち会っている。

明治になってから上京してきたという曽祖母も祖母も黒っぽいきものを着ていたが、夏は越後上布だったのだろうか、幼かったせいか、冬の高田城の外濠の氷の上を渡る狐の話しか憶えていない。

祖母も曽祖母も穏やかな人で、ことに祖母は平常心を保ちつづけてきた人であった。わずかに残っている美しい刺繍の帯や色紙に、それを丹念に刺していた母の忍耐強さも偲ばれる。若くして亡くなった母の年を越え、祖母の年齢に近づきつつある私は、平常心も忍耐強さも受けつがなかった。越後訛《なまり》も解せない東京生れは、所詮、高田にとって他国者《よそもの》なのである。人がその土地を離れれば、懐しさしか残っていない。土地にいる人たちが変っていくのは、なんなのだろうと思う。

この冬もまた、高田は雪に埋もれるに違いない。

絽《ろ》縮《ち》緬《りめん》の長《なが》襦《じゅ》袢《ばん》

「お約束したから」と膝前に置かれた包みを念を押して開けて、思わず声をあげた。撫子、萩、桔梗、菊、女郎花《おみなえし》と、水色のぼかしに浮き立って可憐な長襦袢であった。斜めどりの秋草に、青海波、立涌《たてわく》、紗綾形《さやがた》の古典模様が洗《あら》い朱《しゅ》であしらわれている。秋草の柳葉色、古代紫、鳥の子、青灰色と彩る色を数えれば七色。基調の草花が浮き立つのは、同じ色でも濃く淡く、手加減された染め方だからであろう。

おぼろに霞みそうな菊がある。乱れる萩に遠近感がある。桔梗の花が立体的なのは、手前の花びらと三日月形の花芯のやや濃いめの色わけのためだ。

刷毛《はけ》あたりで強弱を染めわけ、色数を使った手間のかかっている仕事である。

これが、夏物の絽縮緬の長襦袢なのである。

汗だくの夏の下着に絹ものは、こころがいたむ。はじめは、坊さんじゃあるまいし白の長襦袢なんてと悪口をいいながら、洗って吊しておけば翌日には乾いて、アイロンも不要な長襦袢が、いつの間にか常着になって久しかった。経済と便利さで着ていた化繊を見なれた目には、沁みいるような美しさであった。

「長襦袢ではもったいないくらい」

「どうぞ、ご随意に」

まさか、きものとしては着られまいと、笑った眼もとで見返された。

「いつ頃のでしょう」

「さあ、五十年くらい前かしら」

くださったのは、文芸評論家の河上徹太郎氏の夫人である。

柿生の山荘へ伺うようになってから、二十年も経とうか。

新駅ができ、アスファルトの道と文化住宅がまわりを取り囲んでも、丘の中腹の家の一角は鬱蒼とした樹木が残されて変らない。

ここでは二十年は新参。居間のグランドピアノも、客用の大ぶりな粉引茶碗も、庭の植木にも、長い年月の親しみがあった。

そのたたずまいが醸しだす静謐は、騒がしいこころの明け暮れを包んで、和やかに解きほぐしてくれる。

五十年前といえば二十代と、とっさに前に見せていただいた写真のふっくらとした気品のある面立ちが、いまも残る明眸《めいぼう》に重なる。

美しかった。

七三に分けた耳かくしの髪、胸高に締めた丸帯、訪問着は「紺地に菊の花の絞り」とすらっと答えられたあとで、この写真がわるとの因縁のはじまりよ、と少女のようにつけ加えられた。

ポーランド人のピアノの先生の発表会に出演された時の記念の写真で、後ろの河上先生は背広に幅広のネクタイ、「髪の毛ふさふさ」と首をすくめられるまでもなく、眉のあたりに気鋭のみなぎっている青年である。

「世紀の恋というわけですね。お嫁入りの御衣装は？」

「白振袖に手描きの花熨斗の総模様、紋は浅葱《あさぎ》の六本丁字、丸帯を立矢に結んだの。今度見せてあげます」

五十年前の花嫁衣装がそのまま残されているのかと感激する。

「結婚なさる前は、お振袖をお召しになったんですか」

「ええ、三つ紋つき。結婚してからは色紋付よ、黒は嫌いでしたから。色紋付は三つ紋の裾模様。このあいだの河上の喜寿のお祝いにいらしてくださった岩国のお姫《ひい》さまも、訪問着で見えました」

きさくな方ではあるが、明治生れの育ちのよさと格式には、ときどき（かなわねえ）と身をすくめさせられる思いもする。きものでも大先輩だから「上布は土用がすぎてから」と、昔のしきたりにもくわしい。

がさつ一方の身には教えられることが多く、たまの訪問なのに、いつとはなく頂戴ものがふえた。

芭蕉布の夏帯、洗い張りをした無地の紬や鴇《とき》色の一越《ひとこし》の長襦袢、間道《かんとう》の九寸名古屋帯と、いただくたびに次の機会には身につけていく習わしとなった。

渡されるたびに「形見わけはないのよ」といわれるのを、「それではいつまでも、長生きしていいただかなくては」と本気と冗談をないまぜにする。

秋草の長襦袢は丈が三尺二寸五分、袖丈一尺三寸、肩幅八寸二分、袖幅八寸四分、あつらえたような寸法であった。身幅はすこし狭めだが、きっと華奢な躰つきをしていられたのだろう。細かった自分の娘の頃が、ふっと思われた。

友禅の長襦袢は黒の絹薩摩に重ねたら美しかろうと、真っ先に袖口や袖振りに見える効果を考えた。だが風にふうわりと翻る軽さであっても、ごく細い糸で織られた絹薩摩は透けては見えない。

思いたって、露草色の紋紗にあわせてみた。

ぼうっと透ける長襦袢の美しさが、これだ、といつか見た上村松園の美人画を浮び上がらせた。

この夏、私はその長襦袢の虜になった。

絽縮緬の長襦袢は初夏と秋口に着るものと知りながらも、いまどきにない美しく艶な長襦袢を紗にあわせて着る魅力には、どうしても勝てなかった。

透けて見える美しさは予期していたが、着てみての魅力に肌ざわりがあった。撚《よ》りのきつい絽縮緬のさらさらした感触は、同じように織り上げても木綿ものの縮とはまったく違う。肌にやさしくまとわりつきながら、暑さのほてりを洗い流すように、夏の盛りでも秋の気配を感じさせられるのであった。

その感触は、かつてないほど、私をやさしく女らしくさせた。

知らなかった。絽縮緬の長襦袢の気配に、またひとつ、きものを着る楽しみがふえたのである。

生きていることは、いい思い出をたくさん作ることだとも教えられた。

流行とおしゃれ

夏休みに姪が泊りに来た。

高校二年生、食欲とおしゃれ欲の盛んな年頃である。

玄関にむかえて、私はことさらじろりと頭のてっぺんから足元まで眺めてやった。

むら染めのピンクのシャツに裾を引きずるほどのGパン、素足にピンク、黄色、水色、青のにぎやかな縞の草履は、太くて真っ赤な鼻緒がついている。おまけに横長のズックのカバンだ。

早速、私の毒舌がはじまった。

「きったならしいシャツ。まるでパレットを掃除した雑巾みたい」

「ああ、傷つくわ、サーフィンシャツですよ」

後ろをむいてGパンの裾を折り返している背中は怪物めいたプリントで、説明されても、とても波とサーフボードには見えない。

「じゃあ、サーフィンの時に着るものですね。ゴジラの子分みたいだわよ。それに、松の廊下じゃあるまいし、まるで殿中でござるみたいな恰好して」

三十の年のへだたりから、それが長裃《ながかみしも》を意味するとはわからないまでも、悪口のつづきとは察しがつくらしい。

春休みの時には使わなかった「傷つく」をさかんにくりかえすのは、少女期の言葉の広がりの一端をのぞいたようで、ちょっと面白い。

「大きなポケットで、お尻がよけいにふくらんで見えるよ。大工仕事をするのに、ちょうどいいんではないの」

「ストッパーっていうのよ」

「へえ、どういう意味？」

「知らない」

言葉というのは意味がわかっていて使うものであると、早速、説教を垂れた。

「ひょうたんお化けみたいなカバンを持って。雨が降ったら濡れるではないの」

「テニスのラケットをいれるんです」

彼女はカバンの如く、ふくれてみせた。

「おまけに閻魔《えんま》さまの草履ときている」

「ビーチサンダル」

「ビーチサンダルは、海ではくもの」

「だって、原宿あたりの流行よ。若い人はみんなはいてる」

それまでの揶揄めいた口ぶりが鋭くなるのを、止められなかった。

「みんながしているからって、それでいいと思ってるのかい」

姪はだまりこみ、私は不機嫌に麦茶のコップを差し出した。

(伯母さんは古いから、若い私のことはわからない)と思っているのだろう。いつかそれを口にした時、こっぴどくやられて反論しても遂にかなわなかったので、口をつぐんでいるのである。この姪は私に似て気が強いから、言い返してくる。こっちもむきになって相手をする。率直なやりとりは議論とはほど遠いけれど、かっかとのぼせるたちだからしかたがない。

思いがけなく昂《たかぶ》った感情を触発した「みんな」という言葉にまつわる記憶を、この十六歳の娘にどう説明したらいいか、私もわからなかった。

「みんながしている」「みんながそう思っている」という言葉に、なぜ神経を尖らせるのか。

あの当時〝みんな〟が戦争にむく恰好をさせられた。

はじめは〝大日本婦人会〟のおばさんが、長い袂をつかまえて「贅沢は敵だ」とビラを渡したことにあったと記憶している。防空演習にはモンペと筒袖の二部式の恰好で出なければ「バケツ運び」はできなかったし、背広のズボンの裾口でさえも活動的でないという理由でゲートルを巻かせられた。もちろん空襲がひどくなってからは、当然活動的な服装でなければ生命の危険にかかわっていたけれど、「一億総動員」とするには、まず、服装からとの国策をとったのであろう。

服装の統一によって連帯感を強め、一定の心理状態に導くための制服の最も象徴的なものに軍服があるが、戦時中の国防服もまた、これに準じる制服であった。同一の色、同一の形の服装は着る者の団結心をうながすばかりでなく、見る側に集団の誇示を与える。

日本に於ける服制の始まりは、中国を真似て朝廷での席次をあらわした〝冠位十二階〟である。この冠の色をもって官吏の階級を示す制度はその後、位階制度に改められるが、服制は身分階級を明示し、特権意識をもたらすためのものでもあった。この風習はその後の公家の時代、武家の時代にも受けつがれ、庶民は貴族や武士と同じ服装をすることを許されなかったのである。

小袖普及後の近世における武家の衰退と町人の台頭は、次第にその差をちぢめたが、この垣を一気にとり払ったのは、明治維新による武家の瓦解である。

江戸時代の商業の発達とそれにもとづく服装は、身分制度を明らかにしていたともいえよう。

大工、左官の半纏股引《はんてんももひき》姿、手代の小袖前掛、行商人などの小袖股引姿は、戦前まで後をひいて残っていた。

明治の文明開化のもたらす洋服は、まず、鹿鳴館夫人の裾をひく服装を先頭に、職業人による制服として用いられた。

それでも、まだ、きものは残っていた。制服としてではなく伝統としてのきものが打撃をうけたのは、関東大震災と第二次世界大戦による。


現代はなにを着ても自由な時代である。

結婚する女性は打掛花嫁衣装を着、七五三の祝着に十二単の晴装束が登場する。

その自由さから、制服に反対する学生もあらわれている。制服が是か否か簡単に結論づけられないのは、軍服に対する苦い想いがあるからである。

女学校へ私が入学したのは第二次世界大戦（当時は大東亜戦争といった）の開始された翌年の昭和十七年であったが、襞《ひだ》スカートのセーラー服が制服であった。

胸元から三角形に折り返した衿は背中の三分の一ほどをおおい、それを縁どる三本のきっかりした白線に、急に大人になったような気がした日でもある。

時に服装検査があって、スカート丈は床上三十五センチ、三角型の海老茶のリボンは結びたらした長さが結び目から十センチ、靴下は黒、上履きは白のズックという服装規定が守られていた。

厳しくきめられた服装規定と、罰則の恐ろしさが生きていた時代でも、なんとかおしゃれをしようと工夫する。そのおしゃれは画一性からの脱出の試みでもあった。

新入生から二年へ進級する頃には、二つ年上の姉の影響もあって、私はそのずん胴のセーラー服にウエストをつけるため、ひそかに脇を縫いこんだ。病床にあった母は、そんな私に気がつかなかった。

翌日、いささかの得意と、見つかりはしないかと規則違反への恐れとでわくついて登校すると、昼休みに級長に呼ばれた。

「あなたと○○さんは不良ね。いま、日本は戦争しているのよ。おしゃれは、戦争の敵よ」

違反をした私はひと言もなく、罵られた屈辱感に唇をきっと結んで、とりかこんでいる人たちを睨んだ。

○○さんはセーラー服の胸元を規定より三センチほど下げて、豊かな胸の二つの隆起の谷間に三角の切れこみがかかっている。

私は当時、青白い痩せこけた少女であったから、自分の肉体を誇示することなど思いもよらなかった。

(私はぶかぶかのウエストに我慢ができなかった)といいたかった。○○さんと一緒にされたのは不満だったが、規則違反であることには変りはない。

三十年以上も前のこの話を思い出させてくれたのは、女学校のクラス会である。私を詰問した彼女は、結婚してなにひとつ不足のない生活をしているように見えたが、仕事をもっている私をかえって羨んで、「セーラー服の脇をつめて、あの頃からおしゃれだったわね」と言った。私は「おしゃれな仕事」をしていると思ったことは一度もないし、現在と結びつけて、その当時から素質があったようにいわれるのはくすぐったい。

おしゃれは、勉強に頭角をあらわすことのできなかった私にとって、人目をひく手段だったのだろうか。王子さまに見付け出されようとする幼い自己表現であったのか。

他と区別されたいという欲望のほうが、規則違反で罰せられる恐ろしさよりも、強かったのだろう。

もっと意識して、自分を美しく見せたいと思ったこともある。

その後、私に「あなたの眼はとてもすてきだわ」とほめてくれた友人がいた。ちょうど中原淳一の病的といってもいいほどの大きい瞳と、ほっそりと手足の長い少女の絵が人気のある時代であった。

このひと言に感激して、一番大切にしていた日記帳を見せたいくらいだった。私はそのひと言を何度も胸の中でくりかえしていたが、そのうちに自分一人でくりかえすだけでは飽きたらなくなった。彼女と同じように、誰かが私の美しさに、気づいてくれないかと考えた。

マスカラもアイ・シャドウも知らなかった時代だし、あったとしても化粧して学校へ行くなど思いもよらなかった年頃である。

ほめてくれた眼を引き立たせるには、どうしたらよいか。

思いついたのは、マスクをかけることである。大きな白いマスクで、鼻も口もおおってしまえば、残った眼は引き立つに違いない。それは規則違反にはならないし、なにかいわれたら風邪をひいたことにすればいい。

烏天狗のような黒いマスクには、ロマンがなかった。白いガーゼでなければいけない。それも大きな、と私はこの思いつきにぞくぞくした。

手術室の医者のかけるような大きなマスクをこしらえて、息苦しさをこらえながら、ひと冬それをかけ通した。

しかし「風邪が治らないの。かわいそう」と同情されるだけで、企みは成功しなかった。

戦後のおしゃれは、抑圧された戦争中の反動からはじまった。純毛や純綿で色がついていれば、柄はどうでもよかった時代でもある。

それはおしゃれというよりも、むしろ、実用性だった。

世の中が潤沢になってからも、流行を追えるほどのゆとりはなかった。

私にとって衣服のおしゃれは、常に自分に似合うか、似合わないかが基準であったような気がする。「みんなと同じ」では嫌だし、生活のすべてをきものにしてしまってからは、ますます流行と縁が遠くなってしまった。

きものも流行がないわけではないが、私には似合わない。自分を美しく引きたててくれるのは古くからのなにげない柄、落着いた色目である。いつまでも安心して着ていられるのも心丈夫だ。

たとえ人と同じ柄のきものでも、帯が違う。帯揚げはこの色、帯締めは、八掛はと、取りそろえ方に自分の感覚と好みが出せる。

人はそれを〝おしゃれ〟というかもしれないが、私にとっては自己表現のひとつでもある。大げさにいえば感覚の勝負である。

「みんな」という言葉の裏にひそめられた安心感や寄りかかりが全体主義につながっていきはしまいか。流行に支配されて自分を見失いはしまいか。

姪に対する私の毒舌は、こういったさまざまな思いから発しているのだが。

秋

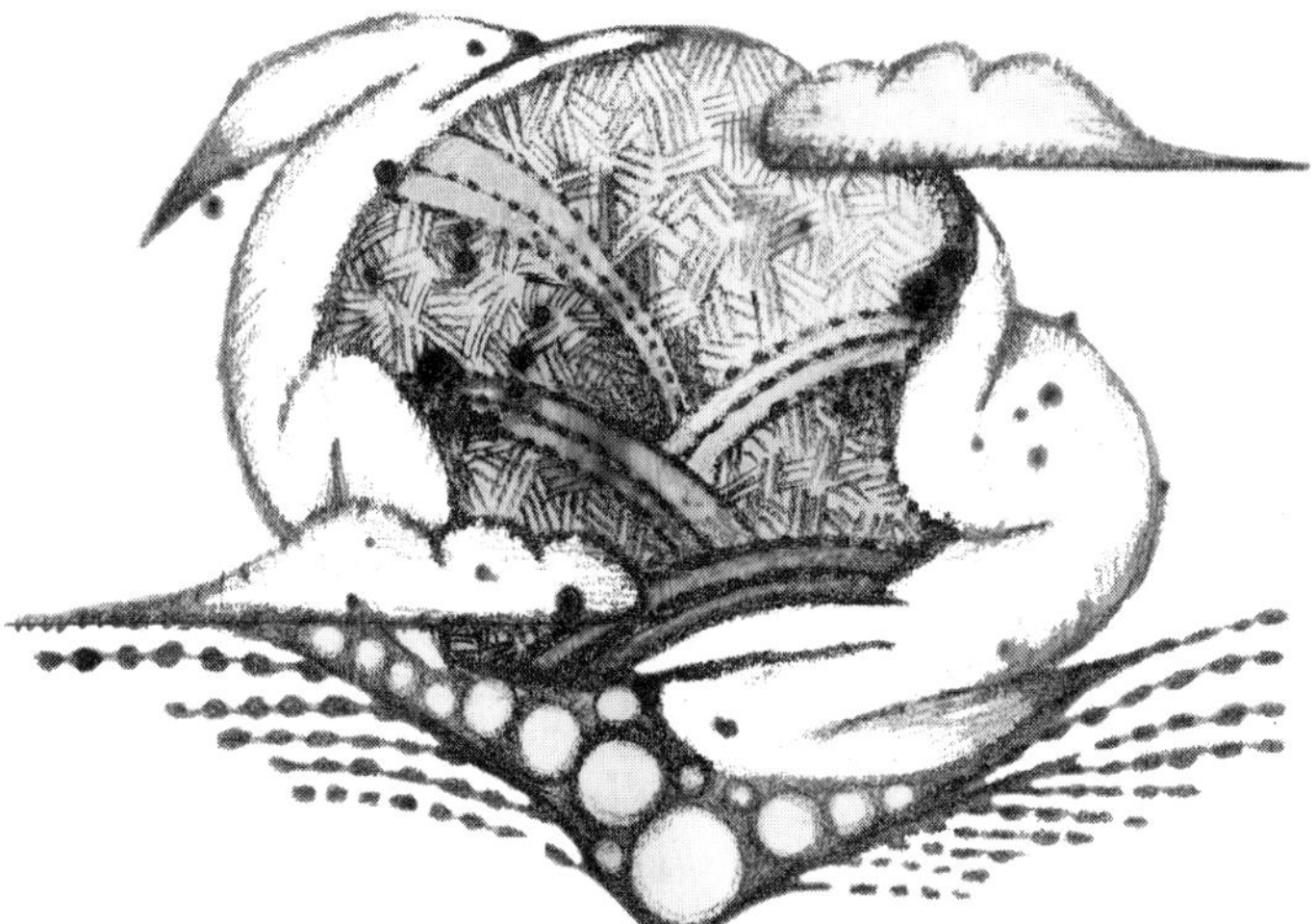

九月

秋袷

しつけ糸ふくむ哀憐秋袷　蛇笏

からりと開け放っていた北側の窓を、閉しがちになるのは九月も末の頃である。高い空の秋晴れがつづいて、金木犀《きんもくせい》が甘い香りを放つ翌日、打って変っての驟雨《しゅうう》の肌寒さに単《ひとえ》の衿をかきあわせる。そんな日には、袷《あわせ》の支度に心せかされる。

汗になった夏物はその時どきで手当てをしてあるが、これはほどいて洗い張りに、さして汚れていないから丸洗いにと、今年も終りという単と一緒に風呂敷に包んで区別する。

空になった簞笥には、袷のきものが入れ替る。一日がかりの押入れの出し入れが億劫《おっくう》になって、せめてきものの入れ替えをしなくともいいように簞笥が並んでいたらと思うようになったが、狭い住居《すまい》ではかなわぬ事である。

夏前に洗い張りと縫い直しのすんだ躾《しつけ》のかかったきものをいれ納めると、ほっとする。すぐは着ない羽織も、ひと月たたぬうちに必要になるから、ついでに出しておく。

寒くなる前には、もう一度コートとショールの冬支度の用意をしなければならないが、これで大行事は終ったと、ほっとする。さあ、いつ寒くなってもいいと気が強くなる。

きものを袷仕立てにすることは、誰が思いついたのだろう。

女物は表地の三分の二の胴裏と三分の一の八掛《はっかけ》をつけて仕立てるが、この間の空気の層のために二枚重ねて着るより暖かい。単ではいくらかへばってきた表地も、裏をつけることによって支えられる。木綿のきものでも、絹の裏をつけると軽くて着やすくなる。

袷のきものの楽しみのひとつに、八掛の色との取りあわせがある。

しかしこれは女物だけで、男物や子供物は通し裏がきまり。男物は紺や茶、子供物のふだん着はウールになってしまったので、女物のような楽しみはない。

八掛は関西言葉で、東京では裾廻《すそ》しという。衽《おくみ》、前後の身頃、袖口、衿先と十枚に裁つ。きものに掛ける裏布、裾のぐるりに掛ける布という意味で八掛の名がついたらしいが、二枚多い。はじめは袖口の二枚がなかったからという説もあるが、博物館で見た江戸時代の小袖には、裾と同じ赤い袖口布がついていた。

その必要上から、当初の八枚の布には袖口布が含まれていて、衿先布がなかったのではなかろうかと思うが、はっきりした裁ち方図を見たわけではないからわからない。

西鶴の『日本永代蔵』には、不衛生から人がはかなくなった皮足袋をはき、雪駄の底がへるからと走ったこともない始末屋の男が〝袖覆輪《そでふくりん》〟を気にいって用いたと書かれている。袖覆輪は一番いたみやすい袖口に別布をあててくるみ縫いにしたもので、今日ではほころびやすい袖付止りにかける覆輪がわずかに残っている仕立ての一つの方法だが、袖覆輪と八掛の関係はどうなっていたのだろう。

八掛ひとつにしても、その言葉から事の起りをたどっていくのはなかなか大変で、知らないことがたくさんある。

色無地紋付の共八掛はいかにも改まった納まりようだし、模様ものの裾にちらりとくりかえされた表と同じ柄は、礼装の雰囲気を高めてくれる。小紋や付け下げのおしゃれ着には表と同色の地色の濃淡か、柄のなかの年齢にあった一色をとるとあわせやすく、くだけた感じになる。しかし、八掛の取り合わせの見せ場は、なんといっても大島や紬のふだん着だろう。草色の縞の紬に芥子《からし》色の裾がちらりとひるがえっている足元などが目にはいると、粋だなあと見上げてしまう。泥染めの茶大島にもあう芥子色で、この取り合わせは四十代からのもの。

色のはいらない大島や紬が、八掛ひとつでいつまでも着られるのも嬉しい。泥藍大島に二十代は朱色、三十代には洗い朱、四十代には錆《さび》がかって、五十代は赤茶、六十代には茶色と、朱系統でも歳につれて使う色が深まっていくのは、八掛だけではない。どうせ八掛を取り替えるなら、同じ泥藍大島に思い切って別な色を組み合わせ、がらりと雰囲気をかえることもできる。若い時には明るい甘さのある珊瑚色、中年にはきりりとさびをきかせた柑子《こうじ》色で、粋を嫌うならおとなしく蒲色《かばいろ》でまとめてもよく、年配には松葉色、油色、鶸《ひわ》色とある。

このような八掛の美しさは二ミリほど袖口䙱《ふき》、裾䙱に見せた繊細さにあるが、仕立ての技術は、裏表二枚をあわせて縫いはじめの褄《つま》先の薙刀《なぎなた》形にきわまる。

このわずかな彩りは静のなかにおさまってはいるが足の運びにつれてひるがえるとき、褄裏の色目は正反対な取り合わせほど意外な効果を発揮する。沈んだ色に明るい色、甘い色にきつい色、おきゃんな色に落着いた色など、色の性格の取り合わせは自由ではあるが、年代を頭にいれておかないと失敗する。

変ったものに小紋の八掛がある。江戸小紋の表と裏が同じ柄で陰陽にあらわされた対《つい》もあるが、霰《あられ》や、松葉などのおとなしい小紋ならば表地が対でない柄物にもあうだろう。

桜の枝を染めた付け下げの八掛には花びらを散らせた小紋の八掛、紅葉を彩った友禅には錐《きり》彫りの流水などと、考えるだけでも楽しくなる。

私にきもの開眼をしてくださった大塚末子先生の数多くの衣装のなかに、色無地に裏棲模様があった。たしか、青みがかった銀ねずに、白い数輪の花が染めてあったと思う。

裏棲模様もまた、おしゃれな八掛のひとつである。両方の棲の裏側に柄をおいて、表は無地や地味な柄のきものは江戸も安永の頃の柄の特徴であるが、当時の裾を引く着付けでは見せ場のひとつだったのだろう。いまでは上前の裏棲だけにつければよく、これからこしらえたいきもののひとつである。

それにしても出来あいの八掛の色目が少なくなった。小紋や付け下げなどのたれものには気にいらなければ注文で染めてもらうこともできる。しかし、ふだん着の紬の八掛は、なかなかそうはいかない。色の少なくなったことを嘆けば「パレスをつける人もいる」という。「パレスのほうが丈夫だし」と重ねていう。

たしかに紬の八掛は弱い。ふだん着るものだけになんとかならないかと思うが、こっそり裾にガロンテープをはって弱さをおぎなっても、裏表の釣合いがぴしっときまった袷のきものを着たい。織りのきものに柔らかな八掛では、いわゆる〝袋〟になってしまう。

　張りがあって堅い紬や大島には同じ紬の八掛を、柔らかなたれものといわれる縮緬類には、垂れ具合が同じチェニーやパレスの八掛をつける原則は崩したくない。

　ふだん着には汚れの気にならない濃い色をつけるが、晴着には淡い色や白地の表地が多く、こういった裏うつりのしやすいものにはぼかしの八掛をつけて表にひびかぬようにしたい。裏であって裏以上の役目をもつ八掛選びには、気むずかしくもなろうというものである。

　裏表あわせて縫代を見せない仕立て方は洋装にもあるけれど、ワンピースにしてもコートにしてもその裾は袷のように縫いあわせずにふらしておく。

　リバーシブルの仕立ては裏表両面が着られる仕立て方であるが、日本の和装にも同じ〝毛抜き仕立て〟がある。羽織やコートなどに残されているが、〝べっちゃり袷〟といって袷から単に移るわずかな時期に、薄手の布で毛抜き仕立てにして通人や茶人が着たというが、庶民にはセルのほうが親しかったのだろう。

　きものを常着とする私にとっても、胴抜き仕立てにはするが、このような贅沢はできない。裏は傷んでも表は丈夫と、裏だけを取り替えられたほうが有難いし、二枚分の表地を買うのなら、それぞれ裏をつけて二枚のきものがあるほうが重宝だ。第一、毛抜き仕立てでは、仕立て代も高かろう。

　それに、袖口袘、裾袘は、どうしても残しておきたい袷の美しさのひとつである。

　この裏を返して表へ見せる袘仕立てはいつ頃できたかわからないので、十二単の〝おめり〟

に源流があるのではないかと、家代々の装束製作者に伺ったことがある。

おめりとは重ね袿《うちき》の裾や袖口に千代紙をずらせたように見せる仕立て方のことで、寸法的に上を小さく下を大きく毛抜き仕立てにした。室町時代には裏を表に返して仕立てたと説明された。

縫い直しであっても、きものの躾を取る時は嬉しい。さっぱりと汚れをおとして新しく蘇った袷は、来年の五月までのきものである。冷えびえと秋が深まっていく心細さを受けとめてくれて、暖かい。

秋はこおろぎの声に深まっていく。

「裾切って肩させ」と鳴いているのだと教えてくれたのは、祖母であった。

足袋

足袋の部分が印象に残っている小説が、二つある。

ひとつは昭和二十三年の川端康成の『足袋』とつけられた短篇である。

死んだ姉の棺のなかに、妹（私）は足袋をいれる。姉の足袋が九文であることを知ったのは、十二の時の私である。幼い私はビラをひろって映画を見るために芝居小屋へ早くから並び、「なんだ、ビラじゃないか」と木戸口で笑われる。しょんぼりと家へ帰ってはいれないでいると、話をきいた姉がお金を渡してくれ、私は足袋を買いに走ってその入場券がわりのレッテルで映画を見られたという思い出があるからだ。これがあらすじで、足袋の白さと、姉の死因の蛔虫の白さとを重ねた書き出しは、常人では思いつかない。

同じ白い足袋の美しさを、志賀直哉は次のように描いている。

「南禅寺の裏から疎水を導き、又それを黒谷に近く田圃を流し返してある人工の流れについて二人は帰つて行つた。並べる所は並んで歩いた。並べない所は謙作が先に立つて行つたが、その先に立つている時でも、彼は後《あと》から来る直子の、身体の割りにしまつた小さい足が、きちんとした真白な足袋で、褄《つま》をけりながら、すつゝと賢こ気に踏み出されるのを眼に見るやうに感じ、それが如何にも美しく思はれた。さういふ人が――さういふ足が、すぐ背後《うしろ》からついて来る事が、彼には何か不思議な幸福に感ぜられた」

歩いているのは、結婚の日どりがきまった謙作と直子である。父との長い確執、出生の秘密、叔母の裏切りと〝重い物を背負わせられている〞若い謙作が、前篇の激しい放蕩と自身の葛藤の結果、「新しいもっと明るい生活へ転生しようと願い、その曙光を見た」とする『暗夜行路』の後篇の最初の部分で、足袋は謙作の心象を物語る重要な役目をしている。

きものの小物のなかで、足袋がことさらに小説に取り上げられるのは、そこに肉体を感じさせるからであろう。

年毎に足袋を買い替えなければならない少女期にくらべ、九文ときまった足袋は躰の定まった女への入口である。九文の足の姉は成熟期をむかえてもほっそりと華奢な躰つきを彷彿《ほうふつ》とさせて、その唐突な死も不自然には感じられない。

それにくらべて〝身体の割りにしまった小さい足〟の持主の直子は、手足の小さな着やせする女だったのだろう。〝身体の割りに〟という文章の背景には、きものに包まれた若い女の肉の豊かさがある。

これらの足袋は、化学繊維のない戦前の木綿である。木綿の足袋でなければ、その鋳型のように足にぴったりとあった型と、白さは物語れない。〝きちんとした真白な足袋〟は、はいている人の人柄までもあらわして、清潔感に溢れる。

あんなに靴にやかましい若い人たちが、どうして足袋には無神経なのだろうと思うことがある。

撮影などで、モデルがうす汚れた足袋をはいたり、草履の鼻緒で皺がよったりするのを見ると（いやだなあ）と、つい、つけつけと口に出してしまう。

化繊の足袋は足の線をむき出しにするし、洗ううちに黄ばんでくる。そればかりでなく、八掛が汚れるし、足の裏がすべりやすい。

足袋は木綿の白と限っているのは、丈夫で型くずれしない頼り甲斐と、洗えば白く戻る点にある。洗ったあと、うっすらと糊をつけると、汚れも傷みもいくらか違うようだ。なかなか繕っている暇はないから、右足の親指の先が傷んだ足袋がふえるが、いつかはと捨てずにとっておくのがたまってしまった。

木綿の足袋の泣きどころは雨の日の泥じみ。それでも古い洗面器に洗剤をたっぷりいれて、ぐつぐつと煮洗いすれば、もとの白さに戻る。漂白剤は使わないが洗濯機もあって、昔よりはよっぽど洗濯に手もかからない。

足袋カバーもあるが、化繊ということで好きでない。カバーをはくなら、雨の日や改まった時には足袋入れにもう一足用意して、先方へついたらはき替えたい。爪型の足袋入れは、美しい和装小物のひとつでもある。

お茶の時の心得にも、替足袋の用意がある。数寄屋足袋ともいわれ、茶室で用いる新品の白足袋のことである。革足袋はお茶の席では用いなかったというところから、木綿の足袋の考案者は細川流始祖三斎の母だという説は、ほんとうかもしれない。

足袋については、平安時代の束帯着用時に際して襪《したうず》(下沓)とよばれる形のものを源とするのが正しいであろう。下沓の文字が示すように、白平絹、礼服には錦を用いて作ったものをつけ、それから沓をはいた。直衣《のうし》や狩衣《かりぎぬ》には用いなかったというから、もともとは晴装束の礼装用だったのであろう。足の形に裁った二枚の布を縫いあわせ、今日の靴下のように指割れがなく足首についた紐で結んだ襪は、『白《しろ》麻《あさ》地《じ》草《くさ》花《ばな》文《もん》描《かき》絵《え》』のものが東京国立博物館に残されている。

この襪のほかに、足にはく〝単皮《たび》〟とよばれるはきものがあった。布製ではなく猿や鹿の皮で作り、指先の割れがなくて野人が用いたというところから、今日の足袋とはことなり、靴のように土の上をじかに歩くためのはきものとされている。当初は〝くつ〟ともよばれ、貴重品だったのであろう。新しく手にいれたくつ(単皮)が惜しいので、桜の花見にも行かないという歌が残されているほどである。

平安時代末期に描かれた『信貴山縁起絵巻《しぎさん》』にあるように、当時の一般の庶民は素足に草履だったのだろう。

この足袋の指先が割れて底布がつく現在のような型になったのは、活動性を要求される戦乱時代のためと考えられる。襪の形は、突っかけてはくサンダル形式の〝緒太《おぶと》〟の草履にはよいが、前鼻緒の草履とは活動上に大きな差がある。襪も大きく変らざるを得なくなって、指股のある単皮が用いられるようになったのではあるまいか。

室町時代の規定によると、足袋をはく期間は十月一日から翌年の二月二十日まで。はくことが許されるのは五十歳以上、病人などは申請によって「足袋御免」の許可を得たとあるから、まだまだ一部の人だけに限られていた。

室町から江戸初期にかけて、晴着用の婦人の足袋は紫色の鹿皮製であったというから、木綿の足袋は普及に遠かったのだろう。川柳にもある皮足袋の悪臭は、洗濯のしにくさもあってかなりひどかったと思われる。

江戸時代は、綿の栽培と普及によって木綿の足袋も盛んに製造されるようになるが、皮足袋も残っていた。西鶴の話には始末屋の皮足袋、贅沢な絹の足袋も登場する。

一般にも普及されるようになった足袋は、紐の面倒を嫌ってボタンやこはぜが考案され、白ばかりでなく紺、柿色、黒、浅葱《あさぎ》、鼠などの色足袋や、一回限りのはきすての紙足袋まで出現するようになるのであった。

きものがよそゆきとなった現在では、ほとんど白足袋をはくが、戦前の家庭ばきには男は黒の綿繻子や紺足袋、女は年齢にあわせて別珍の色足袋をはいた。子供は臙脂《えんじ》色。

私が破れた足袋を捨てかねているのは、祖母が足袋の裏をさし、穴を繕っていた姿の記憶があるせいかもしれない。

別珍の足袋は裏ネルで暖かかったが、ぼてついて恰好はよくない。

暖房の発達もあって、東京では冬でも裏は木綿、表はキャラコの足袋でまにあう。五月の暑い日に単の足袋にはきかえると、きものは袷でも足元がすっと涼しい。夏用には麻の袷の足袋もあって、これも涼しいがはいた形が気にいらない。

誂《あつら》えの足袋を注文してみたこともあった。足型をとって甲の高さをはかってもらい、名入りのこはぜの新しい足袋ができ上って簞笥にしまうのは、心丈夫な嬉しさがある。

納得のいくまで作り直させればよかったのだろうが誂えにしては気にいらず、気短なのと、たまたまいきあった形が足にあって、それ以来、上野池之端の大野屋の足袋を愛用していた。小さいが決して形のよいとはいえない足を細身に見せて、ぴたりとおさめる。雲斎の底が土ふまずに吸いつくように快く、親指と四指の股がきっちりとそろって、隙間がないのも気にいっていた。恰好よく見せかけて、はいた時に指先があまったり足首のきつい足袋とはちがって、四枚こはぜの上まできちんとかかる。夏足袋は細い足首のぐるりを細い三つ折りでなく、こはぜつづきに一センチほどの見返しをつけ親切に仕立ててある。

ひと頃は、九文の足袋をはいたこともあった。水を通しているうちにいくらかちぢんでくるのを粋がって我慢してはいたが、一日中はくと踵《かかと》が縫代にあたって痛くなる。とうとう粋が我慢に降参して、それからはずっと九文三分、昔の女並みにした。

この足袋の文数は、寛永通宝の一文銭が基準だった。爪先から踵まで一文銭を並べた数で呼んでいた。昭和三十四年の改定から靴と同じセンチ・サイズになって、二十二センチというが私にはなじめない。

その店は上野広小路の、池之端寄りの道をはいったところにあった。

いまどき珍しい洗い出しの間口二間の店の入口には「大野屋足袋店」と白く染め抜いた紺のれんがかかり、古風な欄間《らんま》のついた陳列が人目をひく。年に二度ほど帯締めの店道明へ行った帰り、ガラス戸を開けると、顔見知りのおかみさんが黙って後ろの足袋簞笥から九文三分を出してくれる。毎日はいても五足買えば半年以上もつ。

今年の春立ち寄った時、十足お持ちになったらいかがですか、まけておきます、といわれた。下町育ちらしく、言葉尻のはっきりした彼女は、その話しぶりと同じようにしゃきしゃきした身のこなしと、小柄のためか七十近いとはとても見えない。

「実は店仕舞するんです」

「どうして、ずいぶん古いお店なのに」

「二百五十年つづいた店です。ずいぶん考えました。でも、あたくしの代は終っちまったんです」

改めて店を見まわすと、ウインドーの半分以上はきものの柄の簡単服や木綿の前掛で占められている。腰をおろした上り框《かまち》の畳の奥にすえられている低い桐の二棹の足袋簞笥と、店先の紺のれんだけに、長年つづいた足袋屋の誇りが残されているようであった。

七代目の倅《せがれ》は、跡を継がなかったという。

年寄りの片手間で間にあうほどの商売だったのかしらと、いまさらながらきものを着る人が少なくなったことに思いをいたらせられるのであった。

「お客さまにご迷惑かけて、申しわけありません。でも、いまは夏は暇になって。職人を遊ばせるわけにはゆきません。昔は夏いっぱい、暮れのための足袋を作っていました」

十七年前に亡くなった主人は、当時、いまよりも広かった畳にミシンを一台おいて、一人で足袋を仕立てたという。ミシンの使えないところは、一針抜きの手縫いで縫った。

「いまでは足袋が一人で縫える人は少ないでしょう。分業です」

甲前、こはぜ、同じ底つけでも踵と指とは違うミシンを使うので、一足の足袋を作るのにミシンが何台もいるということを私ははじめて知った。

「時代の流れですから、あきらめなきゃいけないと思いました」

きっぱりとはしているが、その言葉を幾度胸にいい聞かせたことだろう。

「このあたり、戦争前とはすっかり変っちまいました。キャバレーやパチンコ店にとりかこまれて、子供の教育に悪いと若夫婦にいわれれば、ひと言もありません」

「それで、新しい商売でもはじめるの」

「いいえ、売りました。九月いっぱいで立ちのきですから、十月には壊してしまうでしょう」

「もったいないわ。あの戸障子だって」と私はおもわずいった。腰板は杢目の美しい欅《けやき》、こまかい桟《さん》も拭きこまれて黒びかりがしている。

「夏は障子をはずしまして桟だけになりますから、とっても涼しいんです。昔のものは親切にできていました。柱も四方の隅は八寸角で、がっちり作ってあります」

戦争で焼夷弾が二階の屋根を突き抜けて落ちたが、うまく消して補修したというこの店は、昭和五年に建てられたそうだ。

「ご先祖さまに申しわけないって、毎朝お詫びしています」

店を出た私は、もう一度ふりかえって、しっかりとその古い店構えを目に焼きつけた。

いまの職人が丈夫でいるうちに、一生はく分の足袋を買っておかなければ、と心いそがされる心地である。

黄八丈

七時すぎ、授業をしている最中、電話がかかってきた。若い女性の声である。親しげに名前を呼ばれて、誰だろうと不審であった。

若い女性の電話は教室希望者か編集者で、名前を呼ばれるほど親しい人はいない。

「明日の仕事のスタイリストですが」と答えたので、ははんと思った。

「朱赤の半衿が探しても、どうしても見つからないんです。持っていたら貸してください」

いったい、なにを着せるのか、と私は訊ねた。

「黄八丈です」

黄八丈にも、八丈島産の本八丈と、秋田ものと、山形の黄八丈とがある。黄色の地に縞や格子を特徴としているが、黄とひと口にいっても刈安《かりやす》で染めた本八丈にはにぶい明るさがあり、秋田ものは浜茄子《はまなす》を用いて染めるから渋くくすんでいる。いずれも朱赤が似合うわけがない。

「本ものかしら」

「正絹です」とひと口に答えたのを、たぶん鮮やかな化学染料の黄色の米八《よねはち》だろうと推しはかって、どんな色柄なのか、と念を押した。

「茶と赤の縞です。朱赤の衿を探しているんです。若いモデルだから」

帯は、帯締めは、帯揚げはとこだわった。取り合わせも私の仕事のうちだけど、見ないで半衿だけ頼まれるのは初めてだ、と嫌味を承知でいった。

「下町娘の雰囲気を出すということで、デザイナーと朱赤の衿をきめたんです。あたしもきものことは、よくわからないので」

三分間のブザーが聞えたせいで、彼女はいっそうせきこんだ。

「なにか、ありませんか」

頭で手持ちの半衿と、段ボールいっぱいの小裂《こぎれ》の中を探しながら、朱赤っていってもきものにあうかどうかわからない、とまだこだわった。

「じゃあ、すみませんが、それを明日、持ってきてください。それでデザイナーを納得させてください」

「着付け用の白い半衿は用意してありますよ」と私はむっとして言い返した。

「デザイナーを納得させるかどうかは、あなたの仕事でしょう。私はただ、きものの着付けを頼まれただけなのよ。あなたが困っているから一緒に仕事をするということで考えているんであって、その半衿があうかあわないかは、きものを見ていないから責任もてませんよ」

「忙しいものですから」と彼女は少し弱気になった。「あわなければ、白い半衿にしますから」

授業が終って半衿の箱と段ボールの重い箱を引っぱり出していると、薄れていた不愉快さが、もう一度戻ってきた。

こういうてあいと仕事をするのは、嫌なのである。見ているときものや帯にじかにアイロンをかけたり、縮緬でもお召でもかまわず霧吹きで水をかけようとする。たまりかねて、こちらが手を出さなければならない。

昨日や今日きまった仕事じゃあるまいし、はじめ想定した朱赤の半衿が見つからなかったらばわけをいって、礼を尽して訊ねるべきではないか、半ちくな仕事のお尻をもってきて、おまけにデザイナーを説得してくれだって。冗談じゃない、甘ったれるにもほどがあると、ぷりぷりしていた。憤慨のあまり、よっぽど仕事を断っちまおうか、と思ったぐらいである。だが間際になって仕事を投げ出すわけにはいかないので、ますます私の不機嫌はつのるばかりなのである。

宣伝や雑誌の仕事の関係で会うスタイリストとか、デザイナーという人たちの商売は、なにをする人なのか私にはよくわからない。

男性も女性も共通な裾をひきずる長ズボンか、腰のあたりがふくらんだ〝たっつけ〟みたいなものをはいて、女性はたいてい〝おてもやん〟みたいに頬をどす黒く染めている恰好でそれと見分けはつく。

古い頭では、デザイナーというのはデザインする人、つまり衣服などの意匠を考える職業としか思われない。同じようにスタイリストという言葉で思い浮ぶのは、スタイルや身なりに気をくばる人というよりも、それらを衒《てら》ったきざな奴、という意味に使ってきた。大阪弁なら「ええ恰好しい」、今ふうに言えば「恰好つけてる」というところか。

それでもデザイナーが、ひとつのテーマにそってイメージを立案する演出者らしい、スタイリストは、そのデザイナーや編集者たちの案を具体化するために撮影の場所やモデルや、服や小物を探す人であろうくらいは、仕事の関係で漠然とわかるようになっている。しかし、それは洋服の分野で活躍している人たちで、きもののスタイリストと名乗る人にはお目にかかったことがない。この人の例をみてもわかるように、洋服のスタイリストが、きものの分野の仕事もついでにしているようだ。

若い人には人気のある商売だと聞いているが、非常に感覚的な判断、物を揃えるために走りまわる肉体労働で、常に新しさと物珍しさを売る洋服ならば、こういった職業も成り立つだろう。

（きものはそうは簡単にはいかない）と私は頑固に思いこんでいる。

黄八丈は東京都下八丈島に産する縞か格子に限った絹の平織の着尺地である。八丈刈安で染めたにぶい黄色に特徴がある。

私の黄八丈は七分間隔の色の経縞《たて》で、緯《よこ》に一分間隔で灰色の糸が織りこんであるため、地の芥子色に少し翳りがある。そのせいか室内ではしずまって目立つ色ではないが、陽光を受けると燦《さん》として輝く。その変りようは、南国の太陽を浴びて育った刈安の色目が、陽の光によって生き生きと蘇るかのようだ。記憶にあるのは紬の地風だが、私のは今できで、大島紬に似た軽やかな地風とともに、十月を待ちかねて着るきものである。澄んだ光線に呼応するように芥子色は鮮やかに透明度をまし、晴れた道を歩く私の身いっぱいに秋を感じさせてくれるのが黄八丈である。

黄八丈は江戸の末から明治にかけて、下町娘のきものとされていた。縞や格子のさっぱりした柄と、当時のほかのきものに比べて鮮明な色が、意気な気性にあったのだろう。いわゆる黄八丈に黒繻子と赤い鹿の子の帯の組み合わせである。

それほど意気でもない私は、茜《あかね》色の絞りの帯を締める。盛岡の茜染め、それもこまかな絞りではなく、昔ながらの素朴な一幅に三つの立涌の絞りの九寸を好んであわせる。注文して色を選んで、もう二、三歩で茶色にいきつく手前の茜色である。北と南の遠さはあるけれどしっくりとあうのは、同じ植物の染料ということだからだろうか。

八丈島に自生する刈安を刈りとり、大釜で煎じ、熱い煎じ液のなかに糸を浸して、一晩おく。翌朝絞って干し、乾いたならばまた、同じことを十回くりかえして灰汁媒染をすると特有の黄に染まる。この黄八丈のほかに、鳶八《とびはち》、黒八もあった。黄八丈が有名で数も多かったのは、その刈安が薬草で、不浄を除くという信仰からという。江戸大奥の医者の間で流行したところからもこういった噂が流れたのかもしれない。

マダミ、犬樟《いぬぐす》の皮をはいで染める鳶色の八丈が失われたのは、「樺染め晴天四十日」という気候条件と手間のせいであろう。その茶を樺染めともいうが、四十年前の母の持っていた鳶八は、名のように鳶色に近かったとおもう。経に薄く、緯に濃い三本の縞目に変化をつけた鶴《つる》岡間道《がおかかんとう》に似ていたようにおもう。

椎の樹皮を二、三年枯らして染めてから泥染めをくりかえすという黒八は、見たことがない。江戸中期以前には大名や御殿女中の衣料に限られて民間では着られなかったという理由は、寛文の頃には年間、数百反という少ない生産量だったからであろう。厳重な監督をうけ、規定にあわないものは織り替えを命ぜられたというきびしさは、宮古上布や八重山上布に対する島津藩の人頭税を思い出させる。

八丈島は、当時流罪人の島であった。鳥も通わぬといわれた八丈島、土着や流人の島人たちは都へ送られる黄八丈の刈安を刈りながら、染めながら、どんなに望郷の想いをかきたてられたことであろうか。

いつか見た甑右衛門の『俊寛』とも重なって、その心は哀切きわまりない。

友人の娘さんで織物をやっている若い人が、八丈の刈安で染めた糸で織ったという反物を見せてくれた。綾織りの八端《はったん》であった。

地機で織ると八反分の手間がかかるということで八端（八反）の名がつけられたというが、高機で織ってもさぞ大変だったろう。

やや厚みのある風合いをなつかしく指先でたしかめていると、「地味なので母のために織りました。いずれは私のものになるんですけど」と、若い人は首をすくめて笑った。

その屈託のない笑顔を見ると、友人を羨む気持に追いかけて、手離した亡母の鳶八丈を惜しむ気持がいっそう深まった。


翌日、定刻に私は撮影のスタジオに出向いた。

用意されたきものは三点。デザイナーに「若い娘のイメージ」とポスターの趣旨を説明されると、本物だった黄八丈は地味で落さなければならなくなった。予定の二点のなかにはいれられなかった。結局、持っていった半衿は、見せることも不要であった。

撮影が終って、モデルのきものを脱がせたとき、スタイリストはにこにこして言った。

「先生、あたし、きものの畳み方、知らないんです」

十月

男のきもの

一聯の露りんりんと糸芒《いとすすき》　茅舎

秋霧《しゅうりん》の見事に晴れあがった十月のある日、京都紫野大徳寺の孤篷庵《こほうあん》で、江雲和尚三百年遠忌記念茶筵《ちゃえん》が行われた。大徳寺塔頭《たっちゅう》のひとつである孤篷庵は寛永年間に現在の地に本堂、庫裡、書院を備えた一寺院として建立され、開祖江月和尚は臨済宗大徳寺派の僧、その後を嗣《つ》いだのが小堀遠州の子または甥ともいわれている江雲宗龍である。

当日の薄茶席忘筌《ぼうせん》の席主は、遠州流茶道宗家十二世小堀宗慶、床掛物は江雲和尚筆の一行物「得々西来不立文字」であった。唐銅鍍金《からかねときん》風炉には南鐐七宝文釜、水差は遠州高取、砂張《さはり》の蓋置にも七宝文と、遠州流にちなんだ道具の数かず、山雲床《さんうんじょう》の濃茶席はこれも江雲の一行「相見呵呵笑」が寄付《よりつき》にかけられている。

この日の特別展観は寺宝の朝鮮茶碗『喜左衛門井戸』。慶長（一五九六〜一六一五）のころの所持者の名をとってつけられたと伝えられるが、この国宝大名物《だいめいぶつ》を拝見するためにも、全国各地から集まった茶人たちなのだろう。

点心をいただいて外へ出ると、雨に洗われた緑に午後の陽がすがすがしく、閑寂きわまりなかった。

折しも大徳寺は曝涼。

打ちつづく天井の高い部屋にかかげられた書も絵も寺宝や国宝であろうが、うとい私にはその価値がよくわからない。

不謹慎きわまりないが、それよりも、藍染めの衣を着た青年たちにひかれた。

年齢は二十歳前後だろうか、剃りあとの青あおとした頭、面立ちはきりりっと引きしまり、人を打つ眼光である。一途さといったものがある。藍の衣は修行中の若者が着ているのだから修《しゅ》行衣《ぎょうえ》というのであろう。黒みをおびるほど深いが、濁ってはいない。藍染めは春から夏にかけてこそ映えると思っていた私は、その深さをどんとつきつけられたような気がした。

拝見がおわって書院に座ると、藍染めの衣を着た修行僧がお茶を運び出してきて、ぴたりと私の前に正座した。まっすぐに注目すると茶盌《ちゃわん》をさし出し、文字通りひれ伏したのである。

私は感動した。こんなふうにうやうやしくお辞儀をされたのは、生れて初めてであった。相手の拝礼によって、自分がなにか尊いものになったような気がした。

それから一年経っても、このような真摯な態度の青年は見かけない。

ひたむきさは、道を求める態度ではないかと思う。道は仏の道でも、学問でも、恋愛でもいい。それが若さなのだと、後になって考えた。ひきしまった面立ちと気魄にあふれた動作に、若い頃、熱烈に憧れた海軍兵学校の生徒や、旧制高等学校の若者たちを思い出させられた。

いま、私の乗り降りする駒場の駅は、旧制一高の駅でもあるが、時代が変って〝駒場東大前〟という。

年の頃はその当時の高等学校の生徒と変りない若者たちと、ときに一緒になる。彼らの多くはみんな小ざっぱりとして利口そうで、人あたりのよい微笑をうかべている。行儀のいいこのエリートたちを見ていると、よく躾けられた血統書つきの犬を思い浮べずにはいられない。この人たちは「いざ」という時にはどうするだろうと、よけいな心配をついしてしまう。

男は紋付羽織袴が似合わなくてはいけない、というのが私の持論でもある。毎日ではこちらも気が抜けないが、いざというときには、紋付羽織袴が似合ってほしい。

ところが結婚式の写真を見ても、紋付姿がきまっている若者は少ない。たいてい猫背で、やさしい顔付きで、どうかするとお嫁さんのほうがしゃんとしている。こういった青年たちは、生れて初めて紋付を着せられて、ふだんはきものなんて見むきもしないのだろうか。自分では着ないから、畳んである袴の紐や結んだ羽織の紐が、逆手に引いただけでぱっとほどける意味も知らないだろう。

男には、いざという時が大事なのである。「いざ」は、人生を生きていく上に、たびたびある。

中年女性の間で『関白宣言』という歌が評判になっているというので、つい最近、聞いたことがある。結婚する相手に「おれより先に寝てはいけない。おれより後に起きてもいけない。めしはうまく作れ、いつもきれいでいろ」と注文する歌だ。なるほど、なるほど、これは紋付羽織が似合いそうだとうなずいていたら、最後になってふき出してしまった。

「できる範囲でかまわないから」というおまけで、ずっこけた。「絶対にやれ」といわないのが当世風なのか。これではきものを着ても、〝前下り〟が似合ってしまうだろう。

紋付ばかりが男のきものではない。紬がある、お召がある、大島がある。

男物のお召はきりっとした地風のものがなくなって、なんとなく饒舌な感じがする。大島にぼってり絞りの兵児帯《へこおび》は、後ろにお金の影がちらついて、あまり好きになれないのは私の偏見であろうか。

やっぱり、紬を着た男だなあ、とおもう。朴訥で暖かくって、頼り甲斐があってとくると、どうやら紬と理想の男性像を混同しているらしい。

肌ざわりのよい大島も、ぺらついたお召も、好きな男には着てもらいたくないと思う。

男のきものは、裏に凝る。

明治生れで大正時代に大恋愛をし学生結婚されたという、いまは故人の方の長襦袢を見せていただいたことがあった。茶色に染めた羽二重の肩には猿、裾には犬が描かれていた。お二人の干支《えと》と説明されて、いいなあ、しゃれているなあと羨ましかった。

羽織の裏、長襦袢と見えないところに凝るのは、粋な意気である。意気はまた、あふれる元気、生き生きしていることでもあり、気概をも意味する。

昔は、ふだん着でもしゃれた羽裏をつけた。薄手で張りのある地風で、爪を立ててしごけば、ききっと鋭い音をたてる甲斐絹《かいき》の羽裏。大正から昭和のはじめにかけて山梨県郡内地方で織り出された絵甲斐絹の資料を試験場で見たことがあった。

つき出た腹の布袋《ほてい》さまがある。秋草をあしらった雌雄の鶏がある。太い鬼の片腕をひっつかんで御殿の屋根に、形相ものすごく翔んでいる老婆は『茨木』である。衣桁にかかったきものの前で、手をついて頭をさげて旧主の恨みをはらしているのは『史記』の〝予譲《よじょう》〟の故事にちなむ。

絹地に描かれた墨絵のようなこれらの羽裏のこころの豊かさや、見えないところに気をくばるこころは、表が地味だけにいっそう引きたって見えたが、着る人が少なくなって絶えた。

男のきものはたいていウールになってしまった。手入れのしやすさと値段の安いのは魅力だけど、私は紬と同じくらい久留米の紺絣が好きだ。

からん、からんと、のどかな投杼《なげひ》の音をたてて織り上げる心いれのあらわれた柄のこまかさと、洗えばさえざえとする藍の色が好ましい。

私が藍染めの衣の修行僧にこころ惹かれるのも、こういった紺絣に対する郷愁なのか。それはまた、若い日に果たせなかった恋の幻影のつづきなのかもしれない。

紋のはなし

私は萩の町を、ぶらぶら歩いている。

ガラス戸越しの女の顔に、ひかれて近づく。小机を前に座ってうつむいている女の鼻は、おそろしく立派である。

見ているると右手に錐《きり》の穂のような細筆を持ち、左手に持った壺をちょっちょっとつつく。痞性に、くちばしの細長い鳥が、皿から水をつつくようである。

尖った鼻すじのさきのところにある丸いもののところへ、その筆を持って行く。一寸くらいの竹の筒か何かの上に、大きな切れをふわりとのせて、筒の断面だけがぴんと張っている。

「やっとそれが、羽織か何かへ抱き茗荷《みょうが》をかきこんでいるところだとわかって私はほっとしたが、私はほとんど労《つか》れた。

私はすぐそこから離れた。見ていられないようなところがそこにあった。あんな風にやっていれば、あの高い鼻はますます高くなって行くほかはないだろう、ますますあの立派な鼻すじは、細くとんがって行くほかはないだろうという気になってそれがひどく残酷な仕打ちに思えてくる。若い女らしいだけに、それがみすみすおろし金でおろされて行くように見える。離れる拍子にやはりそこに看板のようなものが出ているのが見えた」

中野重治の短篇『萩のもんかきや』の中の一節である。

もんかきやの高い鼻の女は、戦死者の家の寡婦であった。ひりひりと神経を使う手仕事だということが、はやらない紋付の紋を描くという商売が、女の鼻が高いだけつらいものに見えてくる。その「もんかきや」という言葉の古さが、逆に新しい辛さをよびさますようだと、見ている作者は思う。

「それにしても、あの紋というのは、あんなにして、一々人が筆でかくものなんだろうか。何という芯のつかれる仕事。それにしても、あんなことで商売が成り立つのだろうか」

「商売としてのそれが、ひどくはかないものに思われてくる」

「紋一ついくらというのだろう……」


紋典とか、紋帖という本がある。

古いものは和綴の布表紙の横型、新しいものは週刊誌大で三センチほどの厚みがある。二センチ角ほどの紋が、はじめから終りまで全ページびっしりと埋めつくされ、最終の番号は四千五百を超える。これらは一般に使われる紋で、このほかの紋をいれると、いくつになるか見当もつかない。

きものの仕事にたずさわる人には欠かせない本だが、必要がなくても眺めていると楽しい。太陽や月などの天文から植物、動物、器具、幾何学的な形とさまざまあり、なかでも多いのは植物に関する紋である。

豊臣の五三の桐、徳川の葵、明智の桔梗、楠の菊水は有名で、竹に雀が仙台の伊達、馬紋は陸奥の相馬家などもわかりやすく、それならば山中鹿之助は三日月、那須の与一は日の丸扇かと想像をかきたてられる。浅草寺は雷紋ではなくて、網紋である。

出雲大社の宮司を縁戚にもつ人の紋付の三つ柏は、神職者の紋ということも知った。柏木には葉守の神が宿るという言い伝えがあり、柏の葉は太古、食器として食物を盛るのに使われた。

その名残が柏餅。神に祈る時の打つ手を柏手という。

珍しいのは兎や蝙蝠《こうもり》、大根、蕪《かぶ》から鉞《まさかり》、釘抜き、独楽《こま》、梯子《はしご》、羽箒《はぼうき》……まだまだたくさんあって、なかには由来の見当もつかないものがある。

袋紋は福袋ともいい、たっぷりとふくらんだ巾着《きんちゃく》型で、口にしっかり三重の紐がかけられていて、佐渡出身と聞いた人の家紋であった。

〝六つ車〟といわれて調べたら、正式には六つ水車。車輪を中心にして六つの小槌がとりかこむ。旗本の土井、柴山、滝村の家紋とされている。その中の名前の一人で、そういえば気骨のある礼儀正しい、いまどき珍しい男性だったと思いあわせる知人がいる。講談にも出てくるように、その先祖はむらがる敵を「十文字、とんぼ返りに水車」と八方すかさず斬り捨てた強者だったのであろう。

一口に桐といっても、五三の桐からはじまって、白場の多い陽《ひな》紋《た》、細く白い線であらわす陰紋、輪のあるもの、菱や雪輪との組み合わせと、二十五を超える。

さらに葉の上の花房が、五七五の数の五七の桐、踊り桐、光琳唐桐、下り花桐、頭合わせ三つ鬼桐、桐車、割桐などから、桐の形を残して他のものをあらわした鷺桐、桐飛蝶、蝙蝠桐へと発展させ、飛躍させた紋の形は、よくもまあ思いついたものだ、と感心して見飽きない。

紋の仕事にたずさわる人たちを、いまでは上絵師と呼ばずに紋屋とか、もんかきやというが、暗い電燈の下で、もっと以前は手燭をたよりに、わずか一寸ほどの紋を細ぼそと描きつづけたのであろう。針のような筆の先で描きつづけるという辛気くさい作業は、家柄をあらわす象徴としての仕事にたずさわっているという誇りがなければ、つづけられまい。

紋は、武家が紋服を常用するようになった江戸時代において、急速に図案化され、整えられた。

紋帖をめくっていると、いつか見た近衛家の唐銅の風炉に彫った牡丹がある。八重咲きの牡丹を抱くように両側に分かれた葉がみっしりととりかこんで、円型を埋めつくすそのこまかさが見事である。

藤原氏北家の嫡流、五摂家の筆頭の近衛家は、藤原基通が近衛殿を住居としたところから家名となった。その華麗な牡丹の紋は、家紋というより意匠に近い。

同じ牡丹でも、島津牡丹は葉の先にすきまがあることで区別される。

中国から渡来し、富貴草の別名をもつ牡丹は、当時宮廷貴族に愛賞された花である。

公家の紋が武家の紋にくらべて優美華麗なのは、牛車《ぎっしゃ》や調度品などにつけて区別することを目的としてはじまったからである。

手箱や唐櫃《からびつ》などばかりでなく、紋を参内の牛車につけることは、当時の公家たちに必要な実用性でもあった。

このように紋の起りは、平安中期頃に公家たちが自分の調度や衣服などに好みのものをつけたことから始まる。しかし、それが家紋としての意味を強く持つようになったのは、武家も紋を使用するようになってからのことである。

歌舞伎十八番の『暫《しばらく》』では、着ぶくれた胴着と紅羽二重の襦袢を肩ぬぎして、四角に帆を張ったような両袖の柿色地に三枡《みます》の白抜きがいっぱいに染められている大紋の衣装が、花道からの大声とともに印象的である。

大紋は、室町時代以降、五位以上の礼服であった直垂《ひたたれ》で、大型の紋どころをつけて着用したところから名がつけられた。この大紋に対し、小紋は小さな柄、またはその柄をつけたきものの名称として残っている。

公家好みの優美な紋に対して、武家のそれは単純で遠目にもわかりやすい。なかでも星紋といわれる白丸は敵の首を連想させ、三つ星の上や下に一の字を組み合わせたものがある。三つ星は武神の象徴、一の字は一番乗りの意味である。

武家紋の起りは、鎌倉時代初期の旗印にあるというのが定説である。源平の戦のように多くの部隊が寄り集まると敵味方の区別がつきにくいところから、源氏は白、平家は赤を旗印にした。

源氏が天下を取ると、頼朝は嫡流として直白《ひたしろ》の旗を用い、部下には白旗の竿頭に飾りをつけさせたという。このように旗や陣幕の目印から、家紋になったものも少なくない。

しかし、一族縁者が敵味方に分かれて戦う時代になると、紋は家を単位として持たれるようになる。また、戦にあたって手柄をたてた者には、紋の下賜、拝領の紋付などを着用する風習も行われ、紋は次第に重い意味をもつようになった。

私の家の紋は五瓜《こか》に根笹であるが、紋帖にはのっていない。五瓜とは木瓜《もっこ》の一種で、瓜の切り口に似ているが、鳥の巣、または蜂の巣との説もあり、これに従って窠文《かもん》の字もあてる。窠を円形のふちどりにし、中にいろいろな文様をいれ、装束などにも用いられた。代表的な有職《ゆうそく》文様のひとつともされている。

紋帖に見られる木瓜紋は芯を花菱にしてまわりを四つの木瓜でかこんだものと、唐花《からはな》を五つの木瓜でかこんだものが代表的で、輪郭の木瓜はその形からほかの紋には見られないほど白場が大きく、堂々としている。

奈良時代に渡来した文様は唐花よりも唐草のほうが一般に知られている。いずれも現在、袋帯などによく使われるが、唐花のほうが立派で格が高い。山形の曲線のはいった五弁の花びらの中に花芯があるが、この花びらが四枚で菱形に構成されたものが花菱である。花菱は唐花よりも小紋などに使われるので親しみがある。

まだ若かった頃、父の生前、私は五瓜に根笹のいかめしい堅さを嫌って、根笹だけを残して、五瓜を雪輪に替えて紋付をこしらえたことがある。

自分では雪と根笹の組み合わせを（風雪に堪える）と考えたからで、よい替紋だと父に話したところ「そんなことをするものではない」とひと言、たしなめられた。父は祖父の葵の紋付を思い出していたのだろう。生れてすぐ、祖父が養子に出されたとき、葵の紋付と守り観音があったという昔話を、すっかり私は忘れていたのだ。

足利氏の支流、斯波氏という先祖は父の誇りでもあったのだ。葵の紋付は祖父の亡くなった時、一緒に棺の中へいれたというが、守り観音は私の手元に残っている。もうひとつ、二行物の軸があり、一寸五分ほどの徳川葵が押印されて楽翁白河公長子とあるところから、葵の紋付はほんとうだったのだろう。父の気持がわかってからは、紋服には五瓜に根笹をいれるように改めた。

替紋や裏紋は江戸時代に略式や忍びの外出に使われた紋で、こういった紋を含むと、一家で五つも六つも紋をもったという。このほかに女紋もある。

母方の紋ははっきり憶えていないが、祖母が蔦《つた》の黒の紋付羽織を「だれでも着られる」と貸していたような気もする。蔦や花菱などは無駄紋といって、誰でも使えるようにつけたと知ったあとからの知識とごっちゃになったのかもしれない。

江戸時代にさかんに使われた紋は、装飾化もされて多彩な加賀紋や友禅の染め紋、絵画的に花鳥などを大きくあしらった伊達紋、鹿の子絞り紋や縫紋、情人と自分の紋を組み合わせた比翼紋なども作りだされた。

祖父の着ていた羽織の紋は一寸二分もあり、江戸末期か明治の初め頃のものである。それから次第に小さくなって、現在は男物は八分、女物は六分ほどに小さくなってしまった。家紋の誇りなどは、いい意味でも悪い意味でも失われた結果であろう。

紋付を着て揃うのは、いまでは結婚式か告別式くらいなものである。

男物の紋付羽織、女物の留袖や喪服の黒にぱちっと染めぬいた五つ紋は、凜とした品格をそえていかにも式服らしい。花嫁衣装や未婚の女性の礼装とされた戦前の振袖にも紋がついていたが、既成品が出回るとともに紋は消えてしまった。

染めの三つ紋は色無地や黒羽織、色留袖などに用いられるが、いまは一つに略されていることも多い。留袖や振袖のかわりとなる訪問着も、堅さを嫌って一つ紋を好む。

はっきりとした染め紋に対し、色物などにつける輪郭を細い線であらわす陰紋は、優しい。準礼装の訪問着の代りに使われる付け下げ訪問着には、柄によって陽や陰の一つ紋をつけるとよいだろう。しゃれたあらわし方には、縫紋がある。これも金、銀、金銀ぼかしから、色糸で陽紋をあらわすのは小さな刺繡と同じである。

友禅風な加賀紋は、一度だけ子供の祝い着で見たことがある。移りゆく四季の色を染めた美しい紅葉の枝を円型にし、その中に四つ目菱をあしらったやや大ぶりの染め紋は、ぼかしの四つ身の背中を彩って、着たらさぞ可愛らしいだろうと切りそろえたおかっぱの後ろ姿までおもい浮んだ。

いちどでいいから納戸色に比翼紋を染め抜いた羽織を縞のお召に着てみたい、と憧れていたが、これはまだ実現するには至らない。

嫁入り支度

これは一人の女の日記から、嫁入り支度に関する日だけを抽出したものである。

昭和二十六年十月〇日（雨）

日曜日の朝、いつもの気まずい食事の終った後で、私は父に言った。

「結婚式の日は、十一月十日にきまりましたから」

新聞を読んでいた父は、顔もあげなかった。

父の言うことは、わかっている。せっかく入学した大学を途中でやめ、不良とつきあい、あげくのはてに肺病やみの男と結婚する。一貫性のないうわついたそんな自分を、いいと思っているのか。世間に対して顔向けができまい。――そういうに決まっている。

大学よりも芝居のほうが生きた人生があったんです。戦後の新劇運動に新風をまきおこしたグループですよ。そのなかの一人なんです。結核だってストマイやパスがあるから、昔と違うんです。それに、彼は東大の美学を首席で卒業しています。前の会社をクビになったのは、不況のための人員整理で、彼に落度はなかったんですよ。クビになったから、かえってよかったくらいです。なにしろ今度は一流出版社で、千人に一人っていう難関を突破して就職したんだから、証券会社より今度のほうが才能が生かされるはずです。

それに、私だって一流会社に就職した。新聞広告でだれの紹介もなしに、入社試験に受かったんです。この不況の時に、三階の人事課から入口まで入社試験をうける女の子の列がつづいていて、その中の二人だけが受かったんですよ。月給は三千円ももらっているんです。

父がなにか言ったらと、私は自分の言い分を文章に書いたように用意していた。

しかし、いままで、私の生き方に対して非難がましく規制を加えていた父とは、そんなふうに話ができたわけではない。ひと言いわれれば口答えし、口答えしただけで父は暴力をふるうといった調子だから、とても正常な親子関係ではなかった。

昭和十九年、父との間をとりなしてくれる母は胃癌の重症。祖母はその看病と物資の乏しい家の切りまわしで、相次いで亡くなっていた。十六歳の生意気ざかり。

(親父が古くて、ガンコ頭だからだ。こんな親父と話合いなんかできるもんか。こんな家、出ていってやる。いけないいったって、止めたって、出て行くところができたんだから。いまだって、聞えないふりをしている)

私は父の分厚い背中を睨んで、言葉に出せない怒りを胸にたぎらせていた。

「嫁入り支度をしなきゃならんな」

新聞から顔をあげずに父はつぶやいた。

精いっぱいの反抗のつづきで、私は切口上に言った。

「いいえ、いりません。結婚式だって、会費制でやります。だれの世話にもなりたくありません。なにも持ってこなくていいって、いわれたんです」

殴られるかと思ったが、激しさは口に出すと止まらなかった。それでも彼が略奪結婚だ、と言ったことは口に出さなかった。僕たちは既成概念に反発して結婚するんだ。あんなわからずやの世間体ばかり気にする親父は、結婚式に出てもらわなくたっていい。嫁入り支度なんて、なんにも持ってくるな。

それが彼の私に対する愛であった。

「そうもいくまい。これからデパートに行く」と、父はいきなり新聞を置いて立ち上った。けれど、私は座ったまま動かなかった。

いらないっていったら、私は本当にいらない。あんなに結婚することを反対していたのに、いまさら嫁入り支度だなんて。男なら最後まで反対して、勝手にしろって言えばいいじゃないか。世間体なんかを気にすることはない。私たちは自分の力でやってみせるから。

父が軟化したのは、彼の母親がやってきたからだ。

「こんな時代ですし、お嫁入り道具は何ひとついりません。私のところも主人を早く亡くし、この戦争で家もすっかり焼けて竹の子生活になってしまいましたから、結納などということもできません。それでも若い二人だから、裸一貫から働いて、なんとかやっていけるでしょう」

彼の母親の言った言葉を胸の中でくりかえしながら、それでも私はしぶしぶ父におくれて家を出る。父と連れ立ってデパートへ行くなんて、あったろうか。小さいとき一緒に外出するのが大嫌いだったのは、咳払いとあたりかまわぬ大きな声が恥かしかったからだ。今日も、私はわざと父と離れて歩いた。

日本橋のMデパートへ行く。日曜日の昼近くだけれど、ほとんど買物客はいなかった。

驚いたことに、父は呉服売場へ行くのだ。きものなんて、私には関係がないし、欲しいとも思わないのに。

売場を一回りすると、父は立ち止まり、茶色のソフト帽を持ち上げてハンケチで汗をふき、「欲しいものを選べ」と命令した。

どうせ買ってもらうのならきものより洋服のほうがいい、レインコートだってないしと思ったけど、「いらない」とだけ言った。そんなものより、お金でもらったほうがずっといい。お金なら、家を建てる資金にもなる。

父は咳払いして、大声を出した。

「どれでもいい、好きなものがあるだろう」

店員がやってきた。

みっともないのと命令されたのが嫌で、私は爪の先まで赤くなった。いきなりそばにあった小物売場の赤い裾よけと襦袢をつかむと、その店員に差し出して言った。

「これをください」

昭和四十一年五月〇日（晴）
相手のたったひと言で、心がきまることがある。今日はとても悲しかった。
別れようと思っていても、その支度にとりかかっていても、今日まで私はまだ本気には思えていなかった。娘のこと、生活のこと、世間の眼……そういったことが私をためらわせていた。でも、ほんとうのことをいえば、私は恐ろしかったんだ。十五年も住んだ家を出て、一人でやっていけるだろうか。
「誰にも相手にされず、のたれ死するのがおちだ」といわれて口惜しかったが、それでも一人でやっていけるなんていう自信なんて、これっぽっちもない。

やっと就職はきまったものの、住む場所から探さなくちゃならない。一人でやっていける自信もないのに、この家も土地も娘のものだから分けてやるものは一つもないという夫の言葉にまでもさからって、娘を連れて出たらどんなことになるだろう。

私は押入れの茶箱を引き出そうとしていた。内側にブリキを張った茶箱は、出し入れが不自由なために、ふだん使わない衣類がしまってある。その重さがこたえたが、力をこめて半分ほど引っぱり出した。

小さくなった娘のワンピースや運動着や、夏物のブラウスなどの詰まった下半分には、数少ないきものが木綿風呂敷に包まれている。濃い緑の訪問着も、乱菊の小紋も、緋の長襦袢も、みんな母の染め直しで、赤い裾よけと襦袢だけが買ったものだ。

まるで、出発の時間が迫っている旅支度のような気持の追いかけられように、私はいそいでいた。思い出が私を立ちすくませてしまうかもしれないと恐れたからじゃない。涙を流しきったあとの白じらとした心は、思い出すらもよびおこさないのだ。

一番下には、丸帯があった。朱と藍と緑の波模様のずっしりと重い丸帯も母の形見だが、一度も締めたことがない新品で、私の宝物だった。

それを特別にひとつだけ木綿風呂敷に包んで、茶箱の一番下にいれ直した。それから、丸帯がいたまないようにと夏物を重ねた時である。荒い足音に私はびくっと身をすくませた。夫がやってきたのだ。

「この家へ来てから買ったものは、何ひとつ持ち出すんじゃないぞ」

「わかってます」

夫へ背を向けたままの姿勢で、私は答える。こわがっていることすら気どられまいと、いつものように全身を堅く身がまえていた。

夫は殴らなかった。

神経をとぎすませた耳に、台所の水道の蛇口をひねる音がした。

次の瞬間、頭から洗い桶いっぱいの水を浴びせかけられた。畳に広がっていく水を眼で追っていると、二杯目は茶箱の中だ。

「なんにも持ってこなかったくせに」

あの時、私は悲鳴をあげたろうか。どんなに殴られても、悲鳴をあげたことがなかったけれど……。

私は水びたしになった衣類をかかえて、縁側に走り出た。丸帯だけは濡らしたくなかった。でも、丸帯は濡れてしまった。

髪の毛からもスカートからも水がしたたり落ちていたが、竿にかけた丸帯をタオルではさんで乾かすほうが先だった。

あわてている私を嘲るように、夫が再び言った。「結婚するときは、なんにも持ってこなかったくせに」

このひと言は一生忘れられないだろう。

やっぱり、私はあの人と一緒には暮らしていくことはできない。

昭和五十三年十一月〇日（曇）

「結婚する」と娘に短く言われたとき、私は驚かなかった。

その日のために作っておいた嫁入り支度が役立つと、とっさに考えたからだ。きもの六枚、帯三本、それに長襦袢とコートと羽織が一枚ずつのみんなで十二の数は、娘と別れてからの年月でもあった。

ウールのアンサンブルは日曜日の家着に、二人揃っての外出には藍大島と更紗《さらさ》、両方にむく帯は濃い臙脂のしゃれ袋。大島も更紗も二十年は充分着られる。江戸小紋の鮫柄は子供が産まれたら役立つだろう。九寸名古屋の染め帯を締めてもいいし、袋帯をあわせれば色無地がわりにお正月にも結婚式にも着られる。招ばれた時のパーティには、更紗でもいいけれど友禅のほうが若い人らしく派手だ。ほかのきものは、結婚してから作ってやろうと思っていた。

「ママの希望するサラリーマンじゃなかったけど」という相手の男は、それまで何回か家に連れてきている。セーターの首のあたりまで長くのばした髪と、芝居をやっているということが不安だった。

「ママだって、芝居をやっていたでしょう」

「それでも、あの頃といまは違うわよ」

どう違うのと訊ねられて、結局は不安定な職業だからと答えるしかない。

「結婚するって、そういうことだけじゃないでしょ。彼はあたしのこと、みんな知っているのよ。ママのことだって、承知なのよ」

そう言われると、置いて出てきた自分勝手の負い目から、それ以上、反対することはできなかった。

「あの人は私がもしかりに交通事故にあっても、一生、一緒に暮らすという決心をしてくれたのよ」と娘は言った。

気負いたった言葉だと思ったが、その気持がわからないでもない。よかったと両手をあげて賛成したいが、ためらいがあった。自分たちのように、離婚しないためには、〝確かな〟に三重丸がつくほどの人物でなければならないのだ。

でも考えてみれば、こんなふうに娘が言うのも、夫婦別れのとき選択できなかった自分の運命への反抗があるからだろう。

娘の言動は、いちいち胸のなかにこだますするのだが、口に出して明らさまに説明することはできないから、私は黙りこむしかなかった。

「住む所がないのよ、探しても、なかなか見つからない」と娘が言ったのは結婚式を十一月にひかえての今から一月ほど前だ。十二年前の約束はどうなったのだと、夫がそこにいるかのように怒りをぶちまけた。

「あの家も土地も、娘のものだとはっきり言ったわ。住む所がなければ、あの人たちに出ていってもらえばいい。苦労してこしらえたのに後から来た者には、やることないわ」

「紙にでも書いてもらったの、ママ」

娘のほうが冷静で、大人だった。

「そういう話は、紙に書いて実印でも押してもらわなきゃ、通りゃしないわ」なんていうことだろう、といま思い出しても、胸が波立ってくる。

いいのよ、あたし、ゴタゴタするのきらいなの。結納は三十日に済んだわ、と娘はさばさばしていた。

今日、私は早起きして午前中いっぱいかかって、押入れから持たせてやるものを取り出してまとめた。新居がきまったという知らせがあり、二人で報告に来ると電話があったからだ。

新しい生活には、タオル一本から買いととのえなければならないだろうと思うと、大荷物が二包みになった。

約束の四時に二人揃ってやって来たとき、私はまだ、エプロンのままだった。

「間にあわなかった。お赤飯、ふかしているところ」と小さな声で言うと、「小豆のお赤飯、わたし嫌いなのよ」

でもお祝いだからと言ったが、ほんとうのところ、娘がお赤飯を嫌いだということは憶えていなかった。

お祝いの食事が終るのを待ちかねて、私は部屋の隅に置いてあった風呂敷包みを開けて見せた。

「持っていってもらおうと思って」

「きもの？」

「そうよ、いるだろうと思って」

「きものなんか。だいいち、いれる箪笥がないわ」

「買ってあげてもいい」

「置くところがないのよ。ここと同じ六畳一間だから、ドレッサーいれたら、いっぱいよ」

箪笥も置けないところで生活をはじめるんだろうか……。娘の気持に添って我慢してのみこんでいた理不尽さが、哀しみに変った。

そんなこと言わないで、ちょっと着てごらんと、立った娘に後ろから更紗を着せかけて、前を揃えてやりながら、「似合うわよ」と鏡をのぞきこんだ。

「こんなの、嫌い」

鏡の中から、にべもない返事がかえってきた。まるで何不足なく育った娘のような言い方は、悲しく私を喜ばせた。

「これは、ごちゃごちゃしすぎる」

「紅型《びんがた》よ」

「あたしは、あっさりしたものが好きなのよ」

私は娘の夫になる男のほうを見た。だが彼はまったく関心がないらしく、新聞から目を離さない。

気をとりなおして、次のきものを広げた。

「これは本物の大島よ」

「地味すぎる」と娘は肩を振った。きものが肩からすべり落ちた。

長いことあそこだと歩きつづけて行きついた果てに、目的地は違った方向だったとわかった時のような疲れが、どっと押し寄せた。

私は座りこんで、畳の上に散らばったきものを一枚一枚たたみながら、十二年間の夢の甘さを思い知らされていた。

「きものは置いといてよ。着る時に取りにくるわ」

娘はそう言うと、もう一方の包みだけを持って帰っていった。

十一月

紐と紐結び

二人して結びし紐を一人してわれは解き見じ直《ただ》に逢ふまでは　万葉集

十一月は、結婚の月でもある。「お二人が結ばれまして」と、披露宴によく使われる〝結び〟の語源は「陰陽相対的なものが和合して、新しい活動をおこす」という意味で、男性と女性が結婚し、生れた子供を「むすこ」「むすめ」と呼ぶのは「結び彦」「結び姫」の簡略化された言葉である。

結ばれるのは、男と女ばかりではない。ばらばらの薪《たきぎ》などをくくって束ねて持ち運ぶところからはじまって、木と木を蔓《つる》で結ぶのは小屋を作るための重要な骨組となり、草木の繊維で結びあわせた網は魚を取るための道具にもなった。

貫頭衣や下裳《したも》などの衣服をより躰に密着させるためにも用いられた紐、および紐を結ぶという動作は、古くから日常の生活に必要で欠かせなかった。

『万葉集』には紐、または紐結びに関した歌が多い。

万葉時代に結びあったのは「吾妹子《わぎもこ》が下にも着よと贈りたる衣の紐を吾解かめやも」というように、約束や契りなどを交すことの象徴でもあった。歌垣などによる自由婚の当時、契りあった男女はその翌朝の別れに際し、お互いの下紐を結びあう習慣があったのである。

人の心はこの時代も今も、さして変りない。素朴で大らかといえばそれまでだが、結婚による身分や生活の保証、安定のない時代でも、いやそれだからこそ、下紐を結びあう行為、紐に託する心が強かったのであろう。

そこには当然、自分だけの結び方も考え出されたろうし、その特徴をもった結び方は相手に対する愛情のあらわれ、貞節の証《あかし》のよりどころにもなったと思われる。

「二人して結びし紐を一人してわれは解き見じ直に逢ふまでは」のように、二人の間の絆でもあった。

この心変りをしないという約束や願望は、祈念にもつながっている。

旅の丸寝に紐が解けたのは、妻が私のことを思っているのだろうかという男の歌と、同じ紐が解けたことを「なにもしないのに解けてしまって、どうしよう、泣くばかりだ」という女性の歌は、対照的に気質まであらわして面白い。

結ぶというきわめて原始的なしかし重要な動作は、世界共通の挨拶としても行われている。手と手を結びあわせる握手は、互いの友好や親しみの徴であるし、賞讃の拍手にもなる。仏の前に手をあわせること、神に祈る柏手にも結びによる祈りの心はあらわされている。

しかし、日本ほどこの結びが動作にも言葉にも残されている国は、他にはないのではなかろうか。

人類が最初に身につけたのは紐であるとされている。性器の保護などを目的とした紐――草や蔓の繊維で作った細い布が、次第に幅の広い布へと工夫されていくにつれて、腰や躰をおう衣服の始まりとなった。

中国から渡来した組紐の技術は、日本の文化と結びついて、衣類ばかりではなく楽器などにも用いられた。平安、鎌倉の時代の日本化した紐は、繊細な技術をもって神仏や工芸品などを飾る。茶道関係の紐は結び方の発達をうながし、武具にもさかんに用いられた。

時代が下って、室町末期に一般のきものとして普及した小袖は、その変化につれて紐を実用と装飾をかねた帯へと発展させた。

美術工芸品までに高められた紐から実用的な紐まで、多種類の紐が今日、日本に残されているのは、きものという打ち合わせ形式の衣服の力があずかって大である。


きものは打ち合わせて着る形のものだから、当然紐を使わなければならない。ゆかたのように一番簡単なきものでも、腰紐、伊達締め、帯まで含めると三本の紐が必要である。ふつうは腰紐と伊達締めを二本ずつ、帯、帯揚げ、帯締め、それに帯枕の紐まで含めると、八本の紐を結ばなければならない。

この紐を結ぶという動作は、次第にでき上っていく装いの段階を経て、ある種の心がまえといったものを生み出す。

きものを着終ったときの、ぴんと張りつめた気がまえは、紐結びなしでは考えられない。さあ出掛けるぞ、さあ始めるぞ、というように、目的が仕事だろうが遊びだろうが、そのうえに「さあ」と意気込みがつく。

大げさな言い方をすれば、これから舞台へ上るような気分なのである。人前へ出る出ないにかかわらず、取りたてていいきものを着たときばかりとも限っていない。紬だってウールだって同じことだし、誰でもきものを着るとこのような気分になるのは、人目を意識するということよりも〝結ぶ〟という動作が生み出すのだと思う。

何本も紐を使うきものは面倒とか苦しいという人もいる。

しかし、この紐類は幅も長さも工夫されていて、締める場所によって選ぶことができ、さらに強弱をつけることによって、楽な着方ができるのである。それは何回も結ぶ手順を経たうえの〝手加減〟の会得でもある。

手加減を知らない人は、やたらにどの紐も同じようにきりきりと縛り上げる。これでは身動きがとれず、苦しいのは当然といえよう。

ふだんから結びなれていないから、着崩れしまいかとの心配が必要以上の強い縛り方になる。腰紐も帯揚げも同じように結ぶから、目立ちのふっくらした絞りの帯揚げがのびたり、きものの裾がずるけてきたりする。

手加減は馴れた人間の手によってしか生れてこないし、馴れはまた何回もくりかえすことによって生れてくる。

面倒くさい人のために、ラバーのぴたんこ腰紐や伊達締めもあらわれたが、接着テープや伸縮がきかなくなれば用をなさないし、ゴムでは通気性が悪く、きものにも躰にもよくない。第一、締めごこちが頼りなく、動きにつれて裾線が下ってきてしまう。

紐を結ぶわずかな手間と時間をはぶけるということだけで、失うものが多すぎると思う。〝合理的〟などという言葉が使われず、〝面倒くさい〟といえば〝不精者〟ときめつけられたのは、躰や心を動かすことの教えであった。怠惰につながる消極性からはなにも生れてはこない、との簡潔な戒めであった。

明治生れに育てられた昔人間の私は「面倒なのはあたりまえ」という。食べるものだって、インスタント食品より手をかけた料理のほうがおいしいにきまっているし、健康にもよいではないか。

手や足を動かさないのは、人間の退歩のはじまりだ、と堅く信じている。使わなければダメになるのは、頭も手も同じことだろう。風呂敷さえも満足に結べないお嬢さんがふえている。手加減はまた、その物の役どころや特徴を知って生かすことでもあろうし、気くばりや思いやりの心でもある。きものを着ることによって育つ情緒、紐結びによって育つ情感は日本人の精神性とかかわりあってきた。

晴れの席での挨拶に「お二人がぺたんとくっつきまして」ではさまにならない。「結びつく」という言葉の意味も動作も、残しておきたいとおもう。

留袖と花嫁衣装

「幸福な家庭はみな一様に似通っているが、不幸な家庭はいずれもとりどりに不幸である」

トルストイの『アンナ・カレーニナ』の冒頭の書き出しである。

結婚式に招ばれてみると、留袖を着た女性はみな一様に似通っているが、喪服を着た女性はとりどりに不幸である、と思わずにはいられない。

留袖も喪服も公式の場のきもので、胸から上は黒の五つ紋付という共通性が対比させるのだろうか。

黒を着た女は美しい。あらゆる色目を内にひめてひっそりとしずまりかえっている黒は、成熟した女が身につける時きわだって美しく見せる。

黒留袖が裾に多彩な模様を配し、金銀入りや格調ある柄の袋帯で荘重と品格をあらわすのに対し、喪服は黒一色である。にもかかわらず、同じ黒でも留袖よりも喪服の人のほうが印象に残っているのは、なぜだろう。

黒留袖は、主婦の座の象徴である。主婦でなければ黒留袖を着て夫と結婚式に出席することは許されない。夫に寄り添った妻は、例外なく、晴れの場にふさわしい穏やかで満足げな微笑を浮べている。

これに対して黒の喪服は、既婚未婚を問わず用いられる。公式の場と心得ているけれど、抑えきれない感情の溢れ出る瞬間の切迫した表情が心を打つのだろう。

結婚した女が着るとされている黒留袖五つ紋付裾絵羽模様のきものの歴史は、さして古くない。一時代前まで〝江戸褄〟とよばれていたのは、江戸褄模様をつけたきものの略で、黒留袖と混同して考えられがちだが、正確には柄の配置が異なる。

江戸褄は〝褄模様〟、すなわち衽《おくみ》先の部分にだけ柄のあるきものの総称である。上前、下前のいずれも同じように柄がつけられ、下前だからといって簡略化されることはない。

明和年間（一七六四〜七二）に江戸で起ったところから江戸褄とよばれたが、広い帯幅と長く裾をひく当時の着付けが、この柄付けを生み出した主な原因であろう。

このような小袖の模様の変遷をみると、染めや織りの技術的な問題も含めて、たんに流行とだけは言いきれない形や着装による必然的な柄の推移といったものがあらわれている。

無地が多かった小袖は、鎌倉時代には絞り染めなどによる飛び模様があらわれ、上流階級にも広まっていくことによって、高度な技術で装飾化されていく。

室町時代の大胆な右と左の身頃の色を変えた〝片身替り〟は、織りをいかに効果的に見せるかを考えた奇抜なデザインあり、傷んだ布の工夫である。蘇芳《すおう》色に金で色紙と葡萄の枝蔓を配した箔押しだけの能衣装もある。

天平の頃の大らかな絞り染めは巧緻さと描絵が加わって〝辻が花〟となった。

同じ時代の肩と裾に縫と箔をこらした〝肩裾模様〟は、空間に締める細帯との釣合いを意識したものであろう。

〝寛文模様〟といわれる右後ろ肩を重点に弧を描いたような柄付けはすでに桃山時代の家康所用と伝えられる辻が花小袖にみられるが、寛文には精細な絞りや刺繍と、空間の対比を効果的にあらわす手法がさかんになった。

江戸中期の友禅染めの出現は、自由な柄付けによる写実的な花鳥風景模様などを可能にさせたが、一方、長くなった袖丈や帯幅の変化、裾をひく着方の影響によって模様付けの位置が次第に下へとさがってくる傾向を生み出す。この裾模様は背丈を高く見せる効果もあり、動きによって裾をひいた褄の内側があらわれることに重点をおいた裏褄模様にまで至る。

江戸褄よりもややおくれて、衿先から裾へかけての模様〝島原褄〟が京都でおこる。これはまったくの想像にすぎないが、島原褄が島原の遊郭あたりからはじまったという説と、芸者の座敷着としての江戸褄が残っているところとからみると、江戸褄の場合も同じような発生ではなかったかという考えも浮んでくる。

明治から大正にかけての結婚式の写真には、黒五つ紋付の江戸褄の花嫁姿が写されている。この花嫁衣装は結婚してからも用いられる利点があったが、振袖や打掛花嫁が多くなるにつれて地味な黒の江戸褄は既婚女性の式服となり、一般の花嫁衣装としては現在まったく使われなくなってしまった。

明治時代には小さい柄で褄に重点をおいた江戸褄は、時代とともに次第に模様付けも柄も派手になって、前身頃の衿下あたりから後ろ身頃までのびて大江戸褄ともよばれるような変化をたどる。

裾をひいた花嫁衣装としては用いられず、参列者の式服となったこのような柄付けは、もはや褄模様ではなく、上前を中心として模様を流した〝後《あと》がかり〟となり、見えない部分は略し、留袖と呼び名も変った。

また礼装として袷の時期には白の下着を重ねた〝襲物《かさねもの》〟であったのが、外から見える衿、袖口、袖振り、裾に白羽二重をつけ、比翼仕立てに簡略化された。

帯も唐織りや錦の丸帯から、締めやすさと二重だいことという定形化した帯結びによって、八分目しか柄がついていない〝八通柄《はっつう》〟の袋帯がさかんに用いられている。緋の長襦袢も白とされ、半衿、帯揚げ、帯締めともに白で揃えるが、帯締めは白の丸絎《まるぐけ》のほうが古式らしく重みがある。

黒地でない色物で柄付けが同じものを色留袖といい、三つ紋、または一つ紋をつけることが多い。色留袖は戦前は未婚女性の礼服、既婚女性がこれを着る場合には黒留袖よりも略とされていたが、結婚衣装が振袖から打掛に移り、未婚女性の礼装が振袖に変った現在では、色留袖は既婚女性の着るものという考え方が定着してしまった。

宮中関係では黒を着用せずに、色留袖を正装としたが、戦後は〝白衿紋付〟ということで、黒留袖でも訪問着の色無地でも紋がついていればよいとされているようだ。

江戸褄がなぜ留袖と呼ばれるようになったかには、歴史的な理由がある。

初期の小袖は丸みのある袂《たもと》の短い袖で、袖丈がそのまま身頃につけられている〝付詰袖〟であった。これに細帯を締めた姿は現在の男のきもののほうが似ている。

このような大人の付詰袖に対して、体温が高い子供は発散しやすいように、また付紐を通す目的もあって袖には振りを、身頃には身八つ口をつけて仕立てた。この振りのある小袖を〝振袖〟といい、大人ものの付詰袖と区別されていた。

大人の付詰袖は帯幅が広く、袖丈が長くなるにつれて脇につかえて不便であるところから、子供と同じように振袖仕立てへと変っていく。しかし、男物は帯幅が広くならなかったので、身八つ口も袖振りも必要とせず、小袖細帯の面影が女物より残っているのだろう。

振袖は〝振りのある袖〟で、子供ものや若い人のきものを意味したのが、大人も振袖仕立てになると、〝袖の長いきもの〟をさすようになる。男女の別なく元服を境に袖を切って短い袂の付詰袖とし、これを〝詰袖〟〝袖留め〟〝留袖〟と称した。

したがって、振袖は若い人のきもの、留袖は大人のきものという考え方はいまに至るまで受けつがれているが、今日の留袖は紋付裾絵羽模様の黒や色ものの式服をさすのがきまりである。戦後は男女ともに二十歳を成人として、法律的にもそのすべてを大人とみなすようになったけれども、古来わが国では成長の節目に儀式を行い、子供の成長と健康とを祈念する風習があった。

いまに残る七五三の、三歳は髪置（髪除《そぎ》ともいい、髪をそいで形をととのえる）、五歳の男児は着袴、七歳の女児は帯初め（平安時代では着裳）がこれにあたり、民間では衣服を改めて氏神に参る風習として受けつがれている。

皇太子の加冠は成年式としての元服で、平安王朝時代からの最も重要な儀礼の一つであった。元服は、十歳から十五歳にかけての男児に髪を結い、冠を用いて大人の仲間入りをさせる。女子も大体同じような年齢に結髪や、鉄漿初《かねぞめ》（おはぐろ）をおこなったり、江戸時代には、袖留めが元服の儀式でもあった。

このような段階を経た服装や髪形の改め方は、また本人の自覚をうながす結果ももたらせた。現在のように七五三が衣装化され、結婚してもまだ振袖を着たいというのは、子供と大人の区別がつかなくなったあらわれともいえよう。

花嫁衣装といわれる特定な衣装が生れたのはいつ頃からであろう。

万葉の時代は男女が歌垣による呼びかけで、求婚や求愛のこころをあらわした。その後で契りを結ぶ〝婚《よばい》〟は、言いよる、求婚するという意味ももつ。女のもとに忍んでいくのに、特定の衣装などを着たとは思われない。

男も女も乏しいなかで一番いいものを着ていこうという気持はあったろうが、それよりも相手の下着の紐を結びあうことによって、心と躰の契りのあらわれとした。

奈良時代に重婚を禁止する法令が出されたなかに、女性の財産を保護するものがみられるのは、主に男性の身勝手や詐欺行為をいましめ、防ぐためらしい。

次の平安時代の貴族たちは一夫多妻で、歌による求婚の形が復活する。

しかし〝聟執《むことり》〟という言葉はあっても、忍んでいくという考えは〝布袴《ほうこ》〟あるいは〝衣冠《いかん》〟といわれる正装の束帯よりもやや略した服装にあらわされている。

室町時代（一三九二〜一五七三）の末には、上流階級にも小袖が普及したから、しきたりや着るものもきまりがととのえられた。

将軍や大名たちの婚儀に際して、娶《よめ》の服装は上着に幸菱《さいわいびし》を織り出した白の打掛、白小袖、下は紅梅の練衣《ねりぎぬ》かそのほかのものでも差しつかえなしということである。

二日の間、婆ばかりでなく、つき従った女房たちも白小袖を着て、三日目には全員好みの衣装にあらため、これを色直しとよんだ。

白は純潔を意味し、相手の家風に染まる心のあらわれであり、菱は繁茂するところから、家の繁栄の祈願がこめられている。

この一夫一婦制による娶入りの祝儀は、嫡子と血統を重んずる武家のしきたりでもあり、公式の晴れ姿であった。

白の花嫁衣装風俗はその後中流武家にも広まって、親類縁者を招いて祝宴を張り、承応・明暦(一六五二〜五八)の頃の衣装は白綸子、白紗綾《さや》などが本式で縮緬は用いられず、貴人は被衣《かずき》、庶民は綿帽子をかぶったという。

現在の打掛花嫁衣装は、このような武家の婚礼衣装の流れをくんでいる。

黒の留袖で印象に残っている人がいる。何年か前に盛大な披露宴に招かれた。仲人は花婿の従兄で、彼の勤務している会社の社長夫妻であった。メインテーブルに立った白の打掛姿の花嫁も美しかったが、その両脇に並んで挨拶する仲人夫妻は、羨ましいほど似合いの夫婦に思われた。

まだ青年の面影を残す背の高い社長は、三代目をついで人柄も仕事ぶりも申し分なく、黒留袖の夫人は小柄なためか、いっそう可愛らしくて幸せそうにみえた。

この仲人夫婦が別れたという話を聞かされたのは、それから一年も経たないうちである。なにがあったか、ほんとうの理由はうかがい知ることもできないし、知ろうとも思わない。しかし、いまでも、あの夫人はどんな想いで黒の留袖を着たのだろうかと、ある種の哀しみなしでは思い出さずにはいられない。

帯──女の執念

初冬の暮れ方であった。

市ケ谷駅へ降り立ったときは明るかったのに、駅前の交差点を渡り、右へ曲って坂を上るころには、あたりは逢魔《おうま》が刻《どき》といわれるような夕闇の気配がただよっていた。

雨の前触れか、空気は生暖かく湿っぽかった。

道幅の広い、さして勾配の急とも思われない坂は、両側が大きなビルにかこまれているせいか、しんと人影がなかった。

坂を上り切る手前まで来た時、私は足を止めた。左側の道端に一メートルほどの四角な木柱が立っていて、〝帯坂〟と墨で書かれていた。

薄暮のなかで、裏側の由緒書きに目を凝らした。

「歌舞伎で有名な番町皿屋敷の青山播磨の腰元お菊が髪ふり乱して帯をひきずって逃げたという伝説の坂です。一名切通坂ともいわれたのは、寛永年間（一六二四〜四四）、外濠普請の後に、市が谷御門へぬける道として切り通されたのでその名がつけられたといいます」

（ああ、ここがお菊のお化屋敷なのか）と、この近くの小学校に電車通学をしていた頃、級友から噂を聞いて、怖がったのを思い出した。番町皿屋敷の話である。

殿様が大切にしていたお皿を割ったお菊は折檻されて井戸へ身投げしたが、夜毎に枕元に立ち、「一枚……二枚……」と数えたという話である。

一人がお菊を真似て「一枚……二枚……」と陰にこもって数え出すと、「恨めしや……十がない」というところまでは、耳をふさいで聞けなかった。

お家騒動にからまる怨念物で、『皿屋敷化粧姿視』として歌舞伎の芝居にもあるが、聟を毒殺して家を奪おうとする陰謀をお菊に立ち聞きされた舅と家老が共謀して、唐絵の皿をかくし、その罪を負わせて惨殺した筋書きのほうがずっと凄みがある。お菊が髪を振り乱し、帯をひきずって逃げたといういわれにちなんだ〝帯坂〟のほうが、化けて出るより実感がある。

そう思うのは、『女殺油地獄』ですべる油に足をとられ、与兵衛に解けた帯はしを摑まれて殺されるお吉の凄絶な場面と重なっているからかもしれない。

同じ近松門左衛門作に『鑓《やり》の権三《ごんざ》重帷子《かさねかたびら》』がある。姦通を取り扱ったなかで最も優れているといわれるこの実話を脚色した作品も、帯が重要な役割をする。

「鑓の権三は伊達者のどうでも権三は好い男」とうたわれたほど、権三はよい男であった。言い交した川側伴之丞の妹お雪から、

「丸に三つ引お前の御紋。私は裏菊ようはなけれど私が細工。大小の締まる為中入《なかいれ》に念は入

れたれど。絎口《くけぐち》がお気に入るまい。さりながら。末長う縫《ぬい》仕立てて召させねばならぬ。どれぞ媒《なかうど》頼みて本式のいひ入れはお前から。是《これ》は先づそれまでの心頼み。此の帯の如くいつまでも。お腰元を離れず添纏《まと》うてや……」

と口説かれる。

折しも若殿御祝言の祝に茶の湯の秘伝、真の台子で客人をもてなすことになり、権三は茶人浅香市之進の妻おさゐに、一子相伝の巻物を見せてほしいと頼みこむ。

器量は国一番、武芸も茶道もつづく者のいないほどの達人で気立てもいい権三に、おさゐは姉娘を添わせたいと考えていたから、聟にくるなら伝授しようと申し出る。

お雪と言い交した権三は進退きわまって、返事のできないところへお雪の乳母が来て、権三の締めている帯がお雪の手作りだと知らされ、かっととりのぼせたおさゐは彼の帯に手をかけてほどき、庭へ放り出す。

それを取りにいこうとする権三に、おさゐは「帯に名残惜しいか。不承ながら此の帯なされ。一念の蛇と成って腰に巻付き離れぬ」と自分の帯も解く。

「二重廻りの女帯、いたしたことござらぬ」と、むっとした権三がこれも同じく庭へ放り出した帯を、おさゐに横恋慕して忍びいった伴之丞が、茶の湯の秘伝を権三に先取られたと口惜しさも重なってすかさず拾い、「不義の密通数寄屋の床入。二人が帯を証拠」と大声をあげる。

このために権三とおさゐはその場から逐電し、流浪の結果、夫市之進に出会って討たれるという話である。

もののはずみではない。おさゐが娘に託して権三に恋慕していなければ、帯を解いて「一念の蛇となって腰に巻きついて離れぬ」とまでは言わぬだろう。

手作りの帯を権三におくったお雪にしてもおさゐにしても、帯は自分の化身、女の証なのである。女にとって「帯を解く」という行為は、身をまかせるという暗示でもある。

このように帯が貞操の象徴と考えられたのは、帯のはじまりが紐で、人類が身につけた最初の紐が性器の保護に使われていたことによるものであろう。

紐と帯の差は、帯は紐より幅が広く、実用だけでなく装飾性も兼ね、きものと対になっているところにある。

その結びたれた形の上から古くは「タラシ」と称した。帯は、埴輪にみられるように古代は紐状のものを結び垂れ、奈良・平安時代の公家の装束の帯は内側にかくれて見えない。

庶民が紐状のものや、いくらか幅のある帯を粗末な小袖形式のものに締めていたことは絵図などでもみられるが、帯がきものと同等に扱われたのは〝小袖細帯〟といわれるように、小袖が一般に定着してからである。

江戸の初期、ほぼ時を同じくして生きた近松や西鶴の文学に、庶民のきものや帯がさかんに登場し、帯はそれまでの幅のせまい絎帯や、名護屋帯といわれる組紐を男女ともに二重、三重に巻いたものとは違って、材質も幅も多様化したことがわかる。

〝どしの帯前結びに（縅縫《おどし》の帯のことであろう）〟〝帯は敷瓦《しきがわら》の折天鵞絨（市松模様のビロード）〟〝十二色の畳帯（十二色に織り出した芯なしの帯）〟〝紫鹿《か》の子の帯（紫の鹿の子絞り）〟と多彩である。

当時の帯は一幅一尺六寸のものを、男は三つ割、女は二つ割にして締めたというから、権三の「二重廻りの女帯を締めたことはない」という科白《せりふ》とともに、幅にも長さにも男女の違いができていたことがわかる。

しかし、女帯の幅は統一されていない。

〝段染めの一幅帯（段模様の一幅を用いて作った染め帯）〟〝紫の中幅帯〟〝帯は唐織寄島の大幅（唐織りのいろいろな縞の寄りあつまった柄の帯であろう）〟などと、賑やかである。

この裏付けの資料として、浮世絵がある。西鶴より四半世紀早く生れた菱川師宣の、切手で有名な『見返り美人図』の帯は初期の細帯の倍近く、十二センチほどと思われる帯幅で、次第に広くなっていく帯幅の移り変りを示す。

帯幅の変化につれて、帯結びが工夫されたのは当然のなりゆきであるが、その流行が歌舞伎役者の衣装の影響によるとされるのは吉弥結び、平十郎結び、路考結びなどの名前に残っていることが手がかりになろう。

当時は現在のように必ずしも後ろ結びばかりでなく前や横でも結んだが、前結びはその後遊女だけに限られるようになった。

帯地も、繻子、縮緬、上等なものには金欄や緞子《どんす》があり、ビロードなどのさまざまな素材が用いられた。赤地のビロードにびっちりと刺された草花にあそぶ犬の総刺繍の帯も、江戸後期のものとして見たことがある。

一七〇〇年代にはいると、鈴木春信による錦絵の帯幅はさらに広くなり、後期の歌麿の女帯は胸から腹へかけて、まるでいっぱいに広げた腹巻ほどもあるようになった。

このような帯幅の変化は、きものと帯が互いに影響しあったことをも物語る。付詰の短い袖に細帯を締めた初期の小袖は、脇をあけることによって帯幅が広がり、帯幅の広がることによって長い袖を生み出すという相互関係で移りゆくのであった。

男女互いに下紐を結びあって愛情の証左とした万葉の時代から武家政治の封建社会まで、帯を女だけの貞節と規制した。

まさに、女の帯は遠く古代からの祈りと魂を受けついできたといえる。

数歩で坂を上り切った時、私は足を止めて振り返ってみた。何気なく上ってきた坂の傾斜は、濠を越える視界の広がりによって、一気に急勾配に変っていた。

この坂を、お菊は髪ふり乱し、帯をひきずってこけつ転《まろ》びつしながら逃げていったのであろうか。

遠くのビルは夜の闇のなかに融けあい、点在しはじめた灯が青白く浮び上っている。

その上の低くたれこめた雨雲を切りさいたような一条の亀裂は、お菊の無念の情念にも似て、赫《かっ》と燃え上っていた。

産着

急に冷えこんだ十一月の昼のことである。デパートのエレベーターで乗りあわせた白髪まじりの老婆に惹かれたのは、旧いお召のねんねこ半纏《ばんてん》を着ていたからであった。茶の子持縞のはいった紫っぽいねんねこは、彼女の若いころ着ていたきものを孫のために仕立て直したのだろう。大正の末ごろの柄である。黒いビロードの掛衿に沈んだ赤ん坊の頭には、丸いボンボンのついている毛糸の帽子がかぶせてあって、もとは白かったのだろうがうす汚れて黄ばんでいた。

平日の午後のエレベーターは、空《す》いていた。ふくらんだねんねこの背中に手を回し、老婆はその指先で拍子をとりながら上半身をゆり動かしている。背中の赤ん坊は寝入ったらしく声もたてないが、彼女は躰をゆすぶりつづけていた。

その後ろ姿を眺めていると、古い呟《つぶや》きめいた子守歌が、聞えてくるようであった。エレベーターが止まり、彼女は肩越しに赤ん坊をのぞきこんでから、降りていった。七十を越したかと思われるような、深い皺の顔立ちであった。

買物を終えて食堂へ足を運んだとき、私は再びその老婆に出会った。

おそい昼すぎの食堂は売場よりいっそう閑散としていてほとんど人影がなかったから、窓側に腰を下ろした時、三つほどテーブルをへだてた壁際の席に座っているのが、さきほどの老婆だということは、すぐ見てとれた。

腰かけた膝の上に、赤ん坊を横抱きにしていた。

毛糸の帽子が、むっちりと肥えた頬をふちどっている。デパートの中は汗ばむほど暖房がきいていたから、脱がせてやればいいのに、と私は眺めた。

背中から降ろされた赤ん坊は、明るい紺の麻の葉のきものを着せられて、袖口から伸びた腕をはみ出させていた。（男の子だ）と、それでわかった。

木綿やモスリンに染められた麻の葉の産着は、男の子なら紺、女の子なら赤ときまっていたのが戦前である。子供ものに麻の葉模様——十二個の三角形で六角を構成して連続させる柄——が多いのは、丈夫で成長の早い植物にあやかるようにとの祈念からであった。

少し上等ならば、男の子は紺と卵色を段だんに染めて鶴などを飛ばせた柄、女の子ならば、紅葉とか風船などの赤い友禅のモスリン、よそゆきは縮緬の美しい花柄になる。

男の子か女の子か、どちらかわかりかねる生れる前に用意するのは、うす黄色の木綿広袖の一つ身である。鬱金《うこん》の黄は薬用の効果があるというところから、色だけが残ったのだろう。

一つ身は後ろは並幅いっぱいで、前は衽をつけて仕立てる。生れてから動きの少ない六ヵ月ころまでは、広袖の産着は都合がよかった。

お腹の上で結んだ背紐をほどき、打ちあわせを広げればすぐ裸になる。ゆったりした広袖は、ちぢこまった腕の出しいれにも無理がない。おむつを替えるには、裾だけ広げれば事がすむ。

赤ん坊にきものを着せたのは、戦前も穏やかな時代までである。

三人姉妹の姉と妹の産着の写真は残されているのに、私のはない。なぜないのか、なにかにつけて僻《ひが》みの種になった。気が強くて悪さも人一倍だったので、「橋の下から拾ってきた」という大人の冗談を、まにうけていたからかもしれない。

カラー写真のない時代だから、やや変色したセピア色の四つ切りの色目はわからないけれど、布張りの肘付き椅子に腰かけさせられた真ん丸に肥った姉は、長女らしく花模様の友禅のきものに、レースのよだれかけまでかけている。

菊だけでも横姿の濃い色、真向かいのふちぼかし、葉かげから半分のぞいた厚物咲きと変化に富んで、それに牡丹の大輪、あやめに萩と、きめこまかな濃淡のぼかしの具合から華やかで数多い色目も推し量れる。妹のほうは同じ縮緬でも段染めに紅葉の葉だから、三番目もまた女か、と姉にくらべれば略されているのが見てとれるのだ。

二つ違いだから、当然のようにしょっちゅう姉のお下りを着せられて、それも僻みの種であった。私の生れて初めての写真は、洋服である。

裏を返せば二歳と書いてあるが、当時は数え年。フリルのついた帽子と衿なしのたっぷりしたギャザーのベビードレスは、母のお手製なのだろう。投げ出した足首と手首のくれた恰好から推し量ると、生れて翌年の夏、十ヵ月くらいと思われる。

十一月生れの私の誕生写真が二人の姉妹とは異なった理由が解ったのは、生れて四十年もすぎてのことであった。

（あの赤ん坊も、十ヵ月くらいだろうか）その写真の恰好と、赤ん坊の育ち具合とはよく似ていた。

ウェイトレスが老婆に、そして次に、私に注文の皿を届けた。

老婆はスプーンを取り上げ、最初の一口は自分が食べた。まるで、赤ん坊が食べられるかと味見をするかのように……。

次の一匙は膝の上にのせた赤ん坊の口元へもっていき、それから自分の口へ運んだ。

その動作に孫へ対する愛情がにじみ出て、私のこころは和んだ。

黒っぽいモンペは、紺絣の仕立て直しだろう。そのふくらんだ腰の線と、口のすぼまった旧式の形は、三十五年も前の戦時中の服装を連想させた。着ぶくれている茶色のセーターは、腕を動かすたびに伸びたゴム編みの袖口がひらつく。

場違いなほど貧しいその姿を見ていると、落魄した老婆の人生というものが感じられた。

あの赤ん坊の母親は、どうしているのだろう。彼女は死んだ娘のかわりに、孫を育てなければならないのだろうか。それとも、老婆に子供をあずけなければならないほど、逼迫した生活をしているのだろうか。

膝の上の赤ん坊が一人前に成長するまで、彼女は生きていられるだろうか。

赤ん坊はおとなしく、身じろぎもせず膝の上に抱かれ、ぱっちりと眼を見ひらいている。

あの子はやがて立ち上り、歩き出し、やがて彼女から離れていくだろう。そうならば老婆にとっても赤ん坊にとっても、いまがいっときの至福かもしれない。

さまざまな想念がそこまで思いいたると、心の底から澄んだ明るさが浮び上ってきた。

食事は私のほうが早く終えた。

伝票を持って入口へ向かうとき、もう一度老婆とその孫をよく見ておきたい気持が、テーブルを遠まわりさせた。

老婆は最初と同じように、ゆっくりとスプーンを孫の口へ、それから自分へとくりかえす動作をつづけている。

おや、と私は目をこらした。

赤ん坊はスプーンが口へはこばれても、唇をやや開けたまま、食べようとはしない。もう満腹になったのだろうか。

それにもかかわらず、同じ動作をくり返している老婆に、異様な気配を感じとった。

あっと息をのむ驚きで、私は目をそらせた。ぱっちりと見ひらかれた眼の赤ん坊は、人形であった。

(なぜだろう、あの老婆は狂っているのか。たしかに、あれは人形だったのか)

もう一度、ふり返って確かめたい混乱と疑惑を抑えて、私は足早に入口へいそいだ。身じろぎもしない人形に対する老婆の愛情が、奇怪さに変った。

ショーケースの間をぬけて、エレベーターに乗っても、私は老婆の謎の行為にとらわれつづけていた。

(どうしてあの人形を、赤ん坊と思い込むようになったのだろう)

その狂気を探るように、私はもう一度、あの老婆の服装を思い浮べた。

若い頃のきものをつぶしたねんねこ半纏、麻の葉模様の産着、戦争中を思わせるモンペ、白髪と皺深い顔……。

唐突に、私は思いついた。
（もしかしたら……あの人形は、戦死した彼女の一人息子だったのかもしれない）
そう思うと、彼女の奇怪な振舞は、ごく自然に納得できたのである。

冬

十二月

羽織礼讃

なだらかな羽織の肩や人の波　悦子

ひと目みた時から、あたしの心はきまっていたの。

いいえ、よそゆきの羽織を一枚買う……それだけの話なんです。

十も年上の父親みたいなアイツのもっともらしい言い草がなければ、すぐきまったことなのに、呉服屋がもってきてひろげたとたん、ぱっとあたしが手にとったのは、黒の紋綸子。友禅の短冊がほどよく散らばって、嫌味なく光っている。しなやかで、気がきいていて、あたしはそれに白い侘助《わびすけ》の浮いている羽裏をつけるか、淡いクリームの濃淡の雲取りにして落ちつかせるか……いまから頼めば羽子板市に間にあう。それとも、顔見世の初芝居におろそうかって、膝の上にのせたまま、うっとりしあわせだった。

そこへ悪代官が、横やりをいれたじゃありませんか。同じ金を払うんなら、こっちのほうがずーっとよそゆきだ。お前は下町育ちで、いつも格式がわからないから損するんだよ。

呉服屋もここぞとばかり尻馬にのって、へい、もう旦那さまのおっしゃるとおりで、これではふだんにくだけてしまいます。こちらのほうがずっと引き立って、どこへお召しになってもお値打ちです。

そりゃ、その羽織もわるくはなかった。わるいどころか、短冊散らしを見さえしなかったら、あたしだって喜んでそっちの絵羽の羽織にしたでしょう。だけど、見てしまった以上、どうしたってこうしたって、短冊散らしのほうがぐんといいのよ。

これはね、よそゆき、あっちはふだん。わかったろう、あんなありきたりの柄はいつでもあるんだよ。こっちのほうが実にいい柄だ、あててみてごらん。

そうです、そうです。こちらになさいまし。

この一幕で負けちゃった。あたしは短冊を手から離しちまった。羽子板市も、芝居も、すっと遠くなっちゃった。

番頭さんの風呂敷にしまわれて帰っていくその羽織には、もう二度と会えなかった……絵羽ができてきても短冊の羽織ばかり考えて、ちっとも嬉しくなかった。あれは、どんな人が手に入れたんだろうって。

いまでもあの羽織のこと、忘れられるもんですか。妥協がいけなかったのよ。一生のうちで、そんなに執着をもつ布地はありませんよ。欲しいときには、どうしても手にいれなくちゃ、うそなのよ。

布地の出会いも、人との出会いも、同じことなの。

四十数年も前のことを、まるで昨日のように、その人は語った。

しかし、これは昭和も初めの頃の話で、江戸時代なら悪代官は「女は羽織を着ることまかりならぬ」と言ったであろう。

打ちあわせて帯でまとめてくるという小袖形式のきものに対し、上からはおる形の羽織の起源は、胴服《どうぶく》説、十徳《じゅっとく》説、打掛説など諸説がある。

胴服は大ぶりでゆったりと袷に仕立てられた綿入れで、脇に襠《まち》がなく小袖と同じ付詰袖が多い。上杉謙信（一五三〇～七八）の胴服の衿は絞りの扇面の中に草花を描きいれた貴重な辻が花で、その美しい紅さとともに忘れられない印象を刻みつけられている。豊臣秀吉（一五三六～九八）の胴服も辻が花胴服で、裾に矢襖《やぶすま》、肩には紋所のように五三の桐を紫に絞り上げ、さらに空地《あきじ》に桐を絞りと描絵で散らした凝りようで、いずれも重要文化財。ほかに謙信の、『扇面花《せんめんか》卉模様描絵《きもようかきえ》胴服』、家康の『紫地葵文胴服』などがあり、上にはおるものとしての胴服は小袖にくらべて傷みが少ないためだろう、原型があまりそこなわれずに残っている。目立つのは衿幅の広さで、十センチ近くもあり、羽織のように衿を折り返さずに立てて着るか、反対に内側に折り返して着ていたらしい。

胴服は室町時代から桃山～江戸時代にかけて男子が小袖の上にはおって用いたとあるところから、おそらく小袖という形の衣服が一般化されるにつれ、上にはおるものの必要にせまられたのであろう。それも寒さをしのぐ目的であったことは、綿を入れている例でも推察されるが、形からいえば小袖の衽《おくみ》をとり丈を短くして幅の広い衿をつけ、打ちあわせずに着るように、脱ぎ着に便利なように考えて作られたものである。

寒さをしのぐには〝手無し〟、それ以前は〝布肩衣《ぬのかたぎぬ》〟とかいわれたちゃんちゃんこ風のものが『万葉集』の貧窮問答歌にも詠まれているから、働きやすい庶民の上着または胴着としては、こちらのほうが古い。

一方、十徳は今日、茶人の間にしか用いられないが、法衣から出たもので、その起りは鎌倉時代の賤者の服といわれ、のちに僧侶や医師の礼服ともなった。

茶祖六祖伝の模写である茶湯開山村田珠光《しゅこう》（一四二三～一五〇二）の画像は、折り返りの衿、広袖、短い丈の香色《こういろ》の上衣を着た姿で、羽織よりは十徳を思わせる。共布の紐はきものの衿の打ち合わせに近く胸高に花結びにされて、直垂《ひたたれ》や素襖《すおう》を思わせる紐付けの位置である。

珠光の没後、二十年を経て生れた茶聖千利休（一五二二～九一）の画像には、鼠色の襲《かさね》小袖の上に濃茶の羽織を着た姿がある。長い丈、折り返った衿や紐の具合から察すると、今日と変りない羽織のようだ。

これらの乏しい例だけでは胴服説か十徳説かきめられないが、利休画像によれば、この時代にはすでに羽織があったとみなしてよいだろう。

その後、羽織は戦陣で武将の着る陣羽織、武家が刀を差したときにつかえぬよう後ろの割れた打裂《ぶっさき》羽織、若衆の着る振袖よりも丈のほうが短い蝙蝠《こうもり》羽織、火を防ぐためにラシャや皮で作った火事羽織などと多様化する。

いわゆる拝領物として羽織を賜わる風習は、それが紋と結びついたからであろう。寛文年間（一六六一～七三）以降、裕福になった町人が小紋や縞などを着るようになり、きものと同じような対丈《ついたけ》の羽織や、足先にかかるほど長い羽織紐で通人風と気取る若者も出てくる。

着脱が自由で便利な羽織は、女だって着たい。寒さのあまり男物の羽織をちょいとひっかけて外出する女性もいたであろう。これを見た他の女性は「あたしも」と真似をする。呉服屋は、はたと膝を打って「女物羽織」と売り出す。江戸中に広まっていくと幕府は「男物に限り着用を許されている羽織を女が着るとは何事ぞ」と威信にかけても禁令をきびしくする。そこで頭のいい人が考え出したのが半纏《はんてん》である。とがめられたら「羽織よりは丈が短く、襠もなく衿も折り返っておりません。これは半纏と申します」と言いのがれができるということがたぶんあったのだろう。

一般の女性が大手をふって羽織を着るようになったのは、明治になってからである。明治の四民平等は、武家も農民も職人も商人も、男も女も羽織を着られるようになった。

今日、男物の礼装が紋付羽織袴であるのに対し、女物は留袖や振袖や訪問着などの礼装関係のものが羽織を着ない帯付き姿なのは、こういった歴史の影響であろう。

女物にも紋付羽織はあるが、男物のように第一礼装として着るのではなく、小紋などのきものの上に着ることによって、準礼装に格を高めるという効果がある。

この実用的なきまりをひと頃、「鴉《からす》の行列」とか「黒の羽織で個性がない」とか「制服みたい」とか悪口を言う風習があった。

商業ベースにのせられたのか、洋服の流行の影響であろう。着るほうの派手志向と結びついて、縫いや染めの絵羽織が大量に出まわった。

しかし、黒の紋付羽織のよさは、慶弔両方に着られることにある。派手になってどうかと思われる柄のきものでも、黒をはおることによってしっとりと落着く。地紋を選び、染めの三つ紋か一つ紋、縫い紋ならば銀糸で背に一つつけておけば、祝儀の時は派手な小紋、不祝儀の時には地味な小紋の上に重ねると、喪服のかわりにもなる。黒の紋付羽織のこういった融通性は、和装特有の着こなし方であり、約束事なのである。

絵羽織は、同じ黒でもそうはいかない。

もともとおしゃれと格を合わせた性質だから、染め紋では柄に対して改まりすぎる。紋をつけるなら金銀ぼかしが柄の雰囲気にあう。柄のにぎやかさもあって、これは祝儀専用。入学式、卒業式、お正月くらいにしか着られない。紋をつけなければ、かえって気軽に芝居見物や集まりなどに使える。ことに黒地でも絞りだけの絵羽織は、おしゃれ着だから紋はつけられない。

結局、一枚あれば年齢に関係なく一生着られる黒の紋付羽織を否定した結果は、流行に左右された羽織が通り過ぎていくだけのことになってしまった。理屈からいえば、絵羽織も黒地ばかりなら制服みたいだし、下手な柄がついているものはかえって品が悪く着づらい。

紋付羽織は黒とは限らない。下に着るきものの取り合わせと、着ていく場所に制限されるが、色無地の紋付羽織もいいものである。絵羽織でも、ぼかし、絞りに刺繡を刺すなどと、以前はしゃれたものがあった。

無地の羽織ならいっそ紋をつけないで、小紋に着たり紬に着たりするほうが活用範囲は広いが、よほど生地と色を選んで染めないと失敗する。

暖かいという実用性からだけ考えられがちだが、地味なきものに取り合わせることによって、ぱっと派手やかに変るといった楽しさもある。ことに紬や大島の沈んだ色調には、絞りの羽織がよくあう。絞りには柄ものの絵羽と、鹿の子などで単一の柄をあらわした総絞りがあるが、ちょいちょい着には絵羽でないほうが気が張らない。

小紋羽織を着ることが少なくなったのは、きものとの取り合わせが難しいと思いこんでいるからであろう。きものも単純、帯は白、帯締めと帯揚げの色は揃えてなどという今風なあっさり型ならば、決して羽織との取り合わせは難しくないはずなのに、今の人はもうそれだけでお手あげのようだ。

小紋の羽織のよさは織りにも染めのきものにもあわせられて、表情を変えるところにある。あわせ方ひとつで、織りの堅さはぱっとやわらぎ、染めのきものは、複雑さをます。

紋付の改まりようはなく、絵羽織ほど気取ってもいない。きもので着たものを、羽織に仕立てなおすというくりまわしもある。コートにくらべて家の内外で着られて寒暖の調節と装いに変化がつけられ、コートの代りにも着られる多様性がある。

レイヤードルックなどと、若い人は意気がるが、明治このかた女羽織は重ね着の効果を発揮して、こちらのほうが元祖である。

男物の羽織といえばすぐ紋付を連想させていかめしいが、羽織を着た女には風情がある。なだらかな肩の線をいっそうきわ立たせ、文句の多くなった躰つきをかばって、やさしみを添える。夏羽織には透けて見える涼感がある。羽織丈の長さ短さによっても、落着きや活動性をあらわすと同時に、柄とのかかわりあい、重ね着の具合で背を高く見せたりもする。

このようなよさがわかってもらえなくて、いまや羽織は忘れられた存在になっている。東京よりもしきたりの残っている京都の人が「帯付きでは晴れがましうて」と羽織を着ていた。逆に人前に出ることの多い私は羽織を着る機会が少ないが、それでも十月の寒くなった日から羽織を着て街を歩き、コートは十一月、冬のさ中でも厚手の防寒コートの代りに羽織とショールといった着方をすることもある。

ふだんにきものを着る人が少なくなり、羽織を買うならきものを一枚でもという経済性が先立つ昨今である。屋内では帯付き、外ではコートという単純化された洋装的な着こなし、作る人も着る人もくりまわしを考えない風潮や暖房の普及なども原因であるが、羽織には捨てがたいよさがある。

きものであろうが羽織であろうが、一枚の布に対する女の執着は、深い。

近松門左衛門の『心中天の網島』には、夫の意地、女の義理を立てることを考えたおさんが、恋敵の小春を身受けするための金を工面するくだりが出てくる。

「大引出の錠明けて簞笥をひらりと鳶《とび》八丈。京縮緬の明日はない夫の命白茶裏。娘のお末が両面の紅絹《もみ》の小袖に身を焦す。是を曲げては勘太郎が手も綿もない袖無《そでなし》の。羽織も交ぜて郡内の始末して着ぬ浅黄裏。黒羽二重の一帳羅《いっちょうら》定紋丸に蔦《つた》の葉の。退《の》きも退かれもせぬ中は内裸《うちはだか》でも外錦《そとにしき》。男飾の小袖まで浚《さら》へて物数十五色。内端《うちわ》に取って新銀三百五十匁。よもや貸さぬといふことは無い物までも有顔に。夫の恥と我が義理を一つに包む風呂敷の中に。情を籠めにける」

二人の子供から自分のもの、夫のものすべてをさし出して、子供の乳母か飯炊きになると決心したおさんの心根は哀れというほかない。

相手の男次第で変るのも、女の心である。

四十数年前の自分のものにできなかった黒地に短冊模様の羽織を、昨日のことのように語る女の口惜しさは、失われた青春に対する哀惜とも見た。

彼女はおそらく、夫に惚れてなかったのだろう。

喪服――慶事と弔事の黒と白

九州の鹿児島県長島の女性は葬式の際、黒五つ紋付を着て、頭に頭巾をかぶるという。晒《さらし》の布を切って輪にした一方だけを縫い、三角帽子のようにこしらえたものを棺に従う近親者がかぶるという話をしてくれたのは長島出身の中村エイさんである。

長いままの晒に親戚一同が摑まって墓場まで行くんです、二列になって。でも、それには親戚でなければどんなに死んだ人と仲がよくても摑まれない。晒は家へ持って帰り、柱に縛っておいて、何日かしたら、たぶん三十五日すぎてからだったと思いますけど、ふきんに使います。お椀なんかを拭くのに、と語った。

長い晒の布に摑まって墓場まで行く意味は、一族の結束をかためるための風習だろう、ふきんは清めの意味だろうと思うが、白の頭巾はわからない。

東シナ海の始まるところ、面積約百平方キロの半分を山林で占める小さな長島は、天草の隣であるから、キリシタンのベールをかぶる風習と関連があるのではないか、とも考えてみた。

しかし、岐阜出身の藤井真道氏も、葬式の時に晒を頭にかぶる風習があったと語った。

宗教に関係なく、故人の近親者の女性は白装束、男は紋付に袴で、白装束が黒の喪服にかわっても、この長島と同じような白い晒のかぶり物は残されているという。

明治四十四年生れで、千葉称念寺の住職である藤井氏は、このあたりには白の観世縒《かんぜよ》りを洋服の胸ポケットや羽織の紐につけて葬儀に参列する風習があり、白装束のかわりではないか、とも言われた。

白装束というのは衣装のすべてに白を用いることで、白無垢ともいい、現在は結婚式の花嫁衣装のほうが知られている。

そういえば花嫁は角隠しと綿帽子の二通りあったと思い出し、白いかぶり物はますます意味がわからなくなった。

白無垢姿の婚礼衣装は江戸の武家のしきたりで、嫁入りに際しての女性の心がまえをあらわすものであろう。その後につづく色直しとあわせて、嫁しては当家の風習に染まるという意味もあり、胸にしのばせた懐剣とともに生きて再び帰らぬ決意を物語る。

岡山池田藩の士族出身の夫君と結婚された稲川義子氏（八十歳）の話では、姑の亡くなった昭和十五年頃、男は麻の紋付のきものに麻裃、女は白の喪服を着て、葬列に際しては高張提《たかはりちょう》灯《ちん》をかかげたという。

それでは女ばかりに白無垢が残されたのだろうか。婚礼衣装に使われた白無垢は、夫の死に際して殉じる用意でもあったのだろうか。

純粋や潔癖を重んずる武士道の思想が切腹の際や「二夫にまみえず」という白装束を生み出したのであろうか。その衣装が家中の人たちの葬礼に際しても使われたのか。

白に対する考え方は、もっと以前からあった。わが国では白は太陽の色として、悪霊を払うという古代からの信仰があり、神官や仏教の僧侶でも宗派によって白衣を着用する。

白が清浄神聖の象徴であるとするのは、おそらく世界共通の考えなのだろう。

藤井氏は私の質問に対し、地方のなかでも限られた部分の例をあげて答えられた。

一　愛知県では白装束を着て葬式に参列、浄土へ参るという意味であろう。

一　福島県では白い布を身につける。これを清信女《せいしんによ》（うばそい）ともいい、死んだ人の身がわり、清浄であるという意味がある。

一　日蓮宗の白装束は、死の覚悟をもって修行する気持のあらわれ。

一　新潟県では、死んだ人の白いきものを寺におさめる。白いきものがなければ「お色代《いろだい》」といって金一封を包んでかわりとする。

一　千葉県の大多喜の寺を兼務していた時は、奥さんが亡くなった人の白絹のきものを寺に寄進した。

一　同じ君津地方では、掛無垢といって、故人の一番いいきもので棺をおおう習慣があり、あとで寺におさめる（白とは限らないということであったが、おそらくはじめは白だったのだろう）。

「白をかぶるのは頭の黒さ、いわゆる煩悩をかくす意味でしょう。白は清浄潔白をあらわす色で、死人の経帷子《きょうかたびら》も白を使いますな。お釈迦さまの亡くなった時、緑の沙羅双樹が白くなった、そのことから、いまでも諸行無常などという言葉を書いた四本の白い旗を葬式にはたてます。人が亡くなった時には得度して剃髪します。それから引導を渡します。つまり、煩悩を捨てていけるようにということですな。死んだ人ばかりでなく、葬儀に参列する人たちが白を着るのは、死人と同じように清浄であるという意味からでしょう。死の形を白であらわすということにもなりましょうな。白装束も白い観世縒りも、同じことですよ」

なるほど、出家すると剃髪して煩悩を捨てるが、俗世間ではそうもいかないために白いかぶり物をするのかと思いあたった。

白無垢は婚礼や葬礼のときだけでなく、古くは出産に際しても用いられた。生死をかけた女の営みであると同時に、やはり清浄の象徴ということで、人生の大事に用いられたのであろう。地方によっては女性の白喪服が残っているが、黒五つ紋付と黒の袋帯または名古屋帯を正装とするようになったのは、いつの頃からであろうか。

資料が乏しく推察にすぎないが、おそらく明治になってからの男子の礼装の黒五つ紋付が、影響をおよぼしたものと思われる。

黒という色はまた、白と同じように厳粛な色として、弔事と慶事に用いられる。女物の正式喪服は白と黒に統一される。きもの、帯、帯揚げ、帯締めからはきものに至るまで、すべて黒一色であり、白は長襦袢と半衿と足袋だけである。

この黒と白の組み合わせは、水引にも見られるように、喪の色でもある。

平安文学には、喪の服の色として〝鈍色《にびいろ》〟〝鈍色装束〟が見られ、薄い黒色で死者との間柄により濃淡の別があったというから、うすいものは灰色から鼠色、黒に近い喪服もあったのだろう。この貴族の喪服の色はいまも宮中にうけつがれているときいた。

民間の喪服にも色喪服がある。きものの地色を地味な色無地で紋付とし、あとは正式喪服に準じる装いのことをいう。

色喪服は略礼装として、通夜や法事、近親者でない人の告別式に参列する場合の装いで、誰でもが喪服を着るといういまの風習は洋服の黒のドレスの影響もあろうが、喪主、近親者に対してかえって礼を失することになりはしまいか。井上靖の小説『通夜の客』のように意味があるのならともかく、通夜の当日に喪主をさしおいて黒の正式喪服を着ての出席はひかえたい。

頭にかぶり物をかぶる風習を調べたら、奈良朝の朝服の冠までさかのぼった。

これは衣服とともに中国からの伝来であり、改まった服装の折に必ずかぶるものとして、平安時代の束帯や衣冠などから武家社会の烏帽子《えぼし》へとつづく。

一方、花嫁衣装に限って残されている綿帽子や角隠しは、室町時代から用いられ、寒さを防ぐための綿帽子、布製のさまざまな形の帽子や頭巾が変形したものであろう。この婦人用のかぶり物は外出のための埃よけとしても用いられたものが、後世になって花嫁衣装にのみ残されたのは、男子のかぶり物の影響をうけて、女子のかぶり物も礼装化されたとみることができる。

南蛮渡来の帽子や頭巾、または南蛮笠といわれるものが、さまざまな渡来の布地と同様に戦国武将の間にもてはやされていたことは、想像するに難くない。

キリシタンの禁教とともにこれらの中絶が、女物のかぶり物の消滅ともかかわりあったともいえるのではあるまいか。

葬礼の際のかぶり物は、もっと素朴な形であるだけに、それ以前の宗教的な意味あいが濃くなる。

スペインでは教会の見物にもかぶり物を必要とし、観光客はハンカチでもいいから頭へのせるようにと注意されるのは、聖書の「女はかぶり物なしで神殿へはいってはいけない」というしきたり、信仰心がまだ残されているからと聞いた。

ひょっとしたら、長島の晒はカソリックのベールに通じるものではなかろうかという思いつきは、他の地方でも似たようなかぶり物があるという前述の藤井氏の話によって打ち消された。

長島には縄文後期とされる土器や石器が発見されており、大陸文化の移入のあととされる古墳もある。奈良時代の遣唐船の航路も近く、当時の漂着物についての伝説もある。とすると、やはりこれは、仏教のかぶり物が伝わったのであろう。

そのもっと以前は、紐および紐結びが人類にさまざまな信仰や呪術の対象になったように、おそらく大切な頭部を保護する古代の考え方に宗教的、儀式的な意味が加わって、かぶり物の風習がおこったと考えることができる。

新聞の特派員メモに、親しくしていた友人が可愛がっていた子供を現地で亡くし、その葬儀の話が出ていた。

バンコクのワット（仏教寺院）へ出かけると、友人も奥さんも、参列者がいつもと変りない服を着ているので驚く。しかも子供の場合には火葬にした骨を、全部メナム川に流してしまうという。そうすることによって、子供はまた生れ変ることができるので、両親は悲しんではいけないと信じているという。

仏教の思想とは、そういうものなのだろうか。

生れ変りの物語は日本にもあるけれど、現世を生きる私にとっては、一人の人の死は何びとにも代えられない、と思う。

綿入れ

風邪をひいた。

喉のいがいががとりきれず、掌《たなごころ》の中心がなんとなくぼうとしているのは、まだ芯熱が残っているからだろう。

ふだん決定的に悪いところのない躰で、強気だし、言いわけのできない性質《たち》だから、締切が迫っている仕事や定期の教室、日をずらせることのできない外出でこじらせたのだ。

風邪をひいた時の子供の頃のきものといえば、綿入れであった。

年寄っ子だったせいかもしれない。ふくふくと綿の入ったモスリンは、橙《だいだい》色と黄の市松に染めわけられていて、若緑の秋草が咲いている模様で、好きでも嫌いでもなかった。ただ、常とは違う厚ぼったさの、ままならぬ身動きに、病気という実感があった。おまけに、咳止めの効果があったのだろうか、首に真綿を巻かせられて、「ちんころみたい」とはやしたてられるのが気にいらなかった。

この頃は皮製でハイカラになったけれど、昔、家内で飼っている狆《ちん》や愛猫には、友禅や染め匹田《ひった》の残り裂《ぎれ》で、綿をなかにいれた丸絎《まるぐけ》の首輪をちょんと結んでやっていたのである。浮世絵の美人の立ち姿のわきに赤い縮緬の首輪の狆がたわむれているのもあるから、ずいぶん古いことなのだろう。

さすが首に巻かれた真綿は生《き》のままで銀ねず色をしていたが、首をめぐらせるたびにすべやかで、やわやわとした感触を憶えている。

「真綿で首を締める」という表現を、長ずるに従って知ったのだが、言葉というものは物が失われると通用しなくなってしまう。

だいいち、都会での生活は綿入れのきものを着る必要がなくなった。座敷に火鉢ひとつ、茶の間には行火《あんか》という生活でこそ、綿入れは生きていた。

私の綿入れのきものもそれが最後で、綿入れ半纏と羽織下は残ってはいるが、押入れの奥深くしまわれている。

でも、綿入れは暖かかった。

当節は布団さえもできあいで買えるが、いくら軽いからといって化学繊維の布団を下敷きにするのは気がすすまない。座布団も木綿わたは座り心地がいい。

ふくふくした布団の打ち直しは、当時の主婦の夏の行事だった。締めきった部屋の姉さんかぶりの祖母に呼ばれて、「そこを押えて」と手伝わされたのを、綿ぼこりでむずむずする鼻のあたりの感触とともに思い出す。

その綿入れを、知人のお茶人さんに頼まれた。厳寒の茶室に爐の火ひとつでは肩のあたりが冷えこむということで、がっしりと偉丈夫な躰つきの方の、老いのはじまりを知らされた思いであった。

子供の頃の記憶をよびおこし、「亀の子」と呼ばれていた背中だけの真綿ならきものの下に着込められると考えたが、いまどき東京のどこにも売っている店はない。

雪深いところなら残っているかもしれない。売っていなくとも作り方を知っている人がいるかもしれないと、山形の山間へ転勤した知人に絵を描いて頼んでみた。

うすく引きのばした真綿を同じ真綿でくるんで、首のところに凹みのある形だったから、かさばらず肩へかかって暖かろう。どうせのついでなら、あのお年寄にもこの方にもと、欲張って三つも頼んだ。

しばらくして、嵩《かさ》のある荷物が届いた。

できた、できたと、ほくほくして開けてみると、どこをどう間違えたのだろう。送られてきたのは円座のような丸い厚みのある綿入れで、たしかに表は紫の真綿にちがいないが、茶色の裂《きれ》を半分かぶせてその端におそろしく長い紐がつけられている。

背負わなくても「これじゃ、まるで天道虫みたい」と笑い出してしまった。

頼まれた人には、生《き》なりのインドシルクを見付け、綿をひき、いそいでちゃんちゃんこに仕立ててもらって届けた。

三つの天道虫をかかえて、これでは座布団にもなるまいと、苦りきっている。

暖冬だといわれた今年も、十二月の半ばをすぎると、凍てつくような空気の日々がやってきた。

ゆく年のひかりそめたる星仰ぐ　　万太郎

一月

晴着《はれぎ》——若い振袖

春着の子はなやかに来てすぐ去れり　不鳴

元旦は昼にやってくる。

閑散とした街頭をまず彩るのは、若い娘たちの晴着である。乾いた音をたてすがれた竹を鳴らして吹きぬける風も、長い袂《たもと》をひるがえして、春らしい賑わいに変る。

晴着は公式の場合に着るきもの、春着は新しいきもののことをいう。元日の朝、着るもの一切を新しくしたのは、年神《としがみ》を迎え豊作を祈る庶民の身の潔め方、清浄潔斎の習慣が残されていたからであろう。

それが日常着でも、正月をめどにおろしたきものが春着であり、晴着は新しくなくとも、晴れの日に着るきものである。むろん春着のなかには、晴着も含まれていることが多い。

この表向きの公式の衣装である晴着と、新しくとも日常のきものを褻着《けぎ》として区別したのは、平安貴族の習慣であった。女房装束、いわゆる十二単《ひとえ》に象徴されるように、独自の文化を打ちたてた貴族たちは晴れと褻の区別を重んじ、公式の場には晴装束でのぞむのがきまりであった。したがって「ケにもハレにもこれっきり」という庶民感覚には、こういった習慣はなかったのである。

室町末期における小袖――今日のきものの源流をなすといわれる――の一般化された時代の女性の晴着は、〝打掛小袖姿〟に変る。現在の結婚衣装の打掛花嫁は、この武家社会の衣装の形が残されたものである。

時代を象徴する武家階級が崩壊した明治以降、晴着は礼装といわれ、誰でもが結婚式や葬式の際に同じ恰好をすることができるようになった。男性は紋付羽織袴、女性は慶事には紋付裾《すそ》模様長着に丸帯、弔事には黒紋付長着と黒の丸帯である。女性の場合には多少、柄付けや帯に変化がみられるが、いずれも五つ紋付で最高の格式をあらわす風習は今日にも受けつがれている。戦前は五つ紋付の襲《かさね》の振袖が花嫁衣装とされていたが、戦後、打掛花嫁が多くなるにつれて、紋も襲の下着もつかない振袖と袋帯が未婚女性の礼装となった。

白さの目立つ障子にさす陽は、すがすがしい。床には「春風春水一時来」と一陽来復を祝う結び柳。聞きなれた松風の音も、静寂をきわだたせる。

初詣、初釜、初出勤から成人式まで、若い人の振袖姿が目立つ。この袖の長いきものの美しさは、なんといっても染織技術の完成した江戸時代の作品にある。

江戸時代前期の桂昌院が用いたと伝えられる振袖は、黒地梅樹模様で今日の振袖に比べると袖丈が短く、古風な薙袖《なぎそで》の形を残す。寛文模様といわれる後ろ左肩下から裾にかけて大きく地を残した柄付けの境を疋田《ひった》絞りで大胆に梅樹をあらわし、大小の梅花は変化をつけた刺繍である。同じような柄付けでありながら、有名な赤地熨斗《のし》模様友禅染振袖は、左後ろ肩に金糸の刺繍で束ねた熨斗が肩から裾にかけて奔放に流れ、その一つひとつに花鳥、草花、蜀江《しょっこう》、七宝など色も柄も豊かに染め上げられている江戸中期の傑作である。江戸後期の匹田の総絞りでいちめんに咲く梅の花をあらわした振袖は、その花の丸みと赤地が着る人をさぞ可愛らしく引き立てたであろうと偲ばれる。

このように振袖は、染め、刺繍、絞り、箔ときめこまかな手仕事の粋をつくして晴れの場の女性を飾った。

小袖という形式のきものが確立されてのちの江戸時代の長くなった袖に、下絵を描く模様師たちは白いカンバスにむかう画家のように、どんなにか意欲を燃やして取り組んだことだろう。仮絵羽仕立ての白生地の縫目にわたってつけられた絵羽模様の構図は、大きくなったカンバスによって、さらに広がりをみせた。

この振袖——袖振りのあるきもの——はもともとは元服前の、いわゆる子供や少年少女のきものであった。〝脇明き小袖〟という言葉が示すように、体温の発散がしやすいように身八つ口を開け、袖に振りをつけて仕立てたきものをいう。したがって、多少時代によって異なるが、男子十七歳、女子十九歳までには袖を詰め、脇を塞いで〝付詰袖〟とするのが当時の風習であった。この付詰袖は〝袖留め〟または〝留袖〟ともいい、元服を境にして服装を改め、大人としての自覚をうながすのに役立ったとおもわれる。

成人式がすむと、街は静けさをとり戻す。

年末から年始にかけてのせわしなさも日常に戻って、主婦たちの正月となる。さそいあわせての芝居見物に、客席も晴着の余韻をひく。

正月らしい演《だ》し物は『三番叟』や『初曽我』であるが、いまはそうとはきまっていない。歌舞伎衣装の楽しさは、やはり振袖にあると思う。

なかでも『藤娘』や『娘道成寺』の、所作につれて変る衣装の美しさは印象深い。

六世尾上菊五郎の萌葱《もえぎ》と緋縮緬《ひぢりめん》の片身替りにいっぱいに金駒刺繍でふちどった藤の房を付けさげた振袖姿は、藤の花の精のように艶麗きわまりなかった。

役者によって衣装の柄も工夫されるということだが、八百屋お七の振袖は緋と浅葱の麻の葉の段鹿の子、帯は黒繻子《じゅす》に緋鹿の子の筋入りを振下げに結ぶ姿がきまりのようである。

舞台にはいちめんの桜、白拍子花子に身をやつして紀州道成寺までやってきた清姫は、緋縮緬に霞としだれ桜の染めと繍《ぬい》に、狂言模様の縫取りの振下げ結び。引きぬいた下は、同じ模様で地色が浅葱の振袖、そしてまた藤色と色替りで楽しませる。恋の手習いとくどきの場は、華やかな納戸縮緬に桜散らしの友禅で娘心をみせ、急テムポの羯鼓《かっこ》の打ちならされるのちにがらりと変った振袖は同じ桜模様だが墨絵に銀糸が妖しく輝き、白綸子《りんず》と流水のうねりが次の場を暗示させて観る者をひきこむ。落ちた鐘に飛びこんで、吊り上った鐘の上に再び現われた姿は、白羽二重《はぶたえ》に銀箔の鱗《うろこ》模様の肌脱ぎで、蛇身そのものを妖艶に見せる。

『義経千本桜』の静御前は、金銀糸の流水に草花の赤地の衣装、並び腰元は紫の矢絣の振袖に黒繻子の帯を立矢に結んだおなじみ、お染の振袖にかけた黒繻子の衿に、当時の町方の風習がうかがえる。

心ひかれるのは、お夏とお七の振袖姿である。ともに恋のために狂う姿を、静と動の対比に見せて哀れが深い。その哀れさが観る者の心を打つのは、華麗な振袖衣装の効果にもよるのだろう。

最近、結婚して一年ほど経った人から、友人の結婚式に振袖を着てもよいか、と訊ねられた。だって、もし独身と間違えられたら困るでしょうと笑ったが、それも嬉しいらしい。

たしかに、振袖はいくつになっても着たいきものである。

しかし、この長い歴史と、若さを前提に創り手たちがおもいを凝らして派手やかに目立つようにと仕上げたきものの本質を、公の場で無視する勇気は私にはない。きものを着ることは、心をあらわすことでもあると思う。

はじめて振袖を作ったときに話して聞かせる人があったなら、こうも未練が残らないのではあるまいか。

だから若さを大切に、と言い添えることも出来よう。いさぎよさというのは、人生のめりはりのひとつでもある。

私にも振袖姿の写真が一枚だけあった。水色とぼたん色の染め分けで、はじめての鬘《かつら》が重たくて、すこし首をかしげて写っていた。もう二十五年も前のことである。

その写真はいま手元にないが、夢多かった幼さとともに、私の記憶の底にしまわれている。

白生地と女の一生

十五日が成人式（2000年より1月第2月曜日に変更）となったのは、小正月といわれる年中行事からだろうか。人びとの生活が月の満ち欠けを基準にして行われていた頃には、満月の十五日を新しい年の始めとした風習からだという。民間ではこの日を女正月としているところもあると聞く。年末から年始にかけての女の多忙さは時代が変ってそれほどでもなくなったが、やはりほっとするのは松もとれての月半ばすぎてということなのだろう。

振袖の娘と連れ立って歩く母親も、小紋に絵羽織やコートを重ねたきもの姿が目立つ。日頃、紺や茶の洋服を着ていた娘たちの、この日の変りようはどうだろう。蛹《さなぎ》から一気に蝶になったように長い袂をひらめかせ、鱗粉に似た装いに妖しく変身してまばゆい。

なかでも美しいのは、その肌である。

まるでぼんぼりに灯をともしたように、内側の女を薄く白い皮膚にうつして、ぼうと霞立っている。大根の白さより血が通っている。紙の白さより艶がある。陶器の白さではあらわせないぬくみがある。

それ以前の羽二重に似た幼く清げな肌が、みるまになめらかに輝きを増してゆくのは、春たけなわといった感じである。霞が失せて、はっきりと女があらわれる。艶ののった肌は、白地の〝絖《ぬめ》〟だ。

絖は絹織物の一種で、地紋のない繻子と同じ組織だが、やや薄くしなやかである。滑綾子《ぬめりんず》ともいい、糸の状態で精練染色して織る繻子に対し、生糸で織り上げてから練るためにいくらか光沢は劣るので、いっそう人肌に近い味が出てくるのだろう。

西鶴の『好色五人女』には「下に白ぬめのひつかへし、中に浅葱ぬめのひつかへし、上に椛《かば》ぬめのひつかへし」と品定めの男たちの、まず目にとまるのは絖の三枚襲《がさね》を着た女である。この当時は小袖の布地として人気があったらしく、尾形光琳の『秋草文様描絵小袖』も絖地。その滑らかさが描絵にむいていたのだろうが、もうひとつ、女性の肌を連想させて意欲をそそられたのだろう。同じ西鶴の『世間胸算用』に「白ぬめの足袋」の贅沢さを非難したくだりもあるが、絖の足袋も小袖も、男性ばかりでなくそれを身につける女自身をも魅了したに違いない。第二の皮膚を自らの皮膚と思いこむナルシシズムでもある。

繻子よりもややおくれて、中国の技法にならって西陣で江戸の初期に織りはじめられたという絖地は、いまは見かけない。繻子織りはすべりのよいところから雨コートなどに用いられている。いずれも糸わたりの長い織物で、それゆえに特有の光沢もあるのだが、反面、折り切れがしやすい。二つ折りにすると、そこから傷んでくる。

この折り切れのしやすさも、若い女性に似ているのではないだろうか。挫《くじ》けやすい心と躰は、揉《も》まれていない一本気の生糸の脆さでもある。絖の〝滑り〟に、色っぽく振舞うとか、うかれ歩くという古い言葉の意味があるのも面白い。

三十代の女性は、縮緬だとおもう。

縮緬には地紋のない無地縮緬と、紋縮緬がある。綸に似て光沢のある地に紋模様を織りあげた綸子縮緬は、苦労のない新婚奥さんだ。柔らかな甘えのある生地だが、薄っぺらなのは長襦袢にむき、きもののように表には着られない。

よりいっそう光をはね返すように輝くのは、五枚繻子。この見えっぱりの裏と表のある生地を、私はどうしても好きになれない。柔らかそうでいて、その実、縮緬ほどには躰に添ってこない意固地なところがある。ホテルなどのパーティにむくきものに用いられて、派手派手しく人目をひく。紋意匠は経《たて》に駒糸を使い、緯《よこ》を二重にすることによって地紋に立体感を出し、染めることによってさらに個性が浮び上る。やや厚みのあるしっかり者だ。

紋綸子ほどの光沢はなく、紋意匠ほどはっきりしない中間的存在が駒綸子である。そのおとなしさが地紋を生かした無地染めから、羽織、訪問着、色留袖などまで、幅ひろく用いられる。

地紋のない無地縮緬は、四十代の女性だ。

そろそろ「ちりめん皺《じわ》のできる年頃」などというつもりはない。同じ生糸でも、撚《よ》りがかかって勁《つよ》くなる。この撚りのために織上げた布に弾力と翳《かげ》りが出てくる。綸のように糸わたりが長くなく、平滑的でないから輝きは半減する。紋生地のように、目をひく地紋もない。ただひたすらに右撚りと左撚りの糸を交互に打ちこんだ一越縮緬は、春の海のように穏やかである。この穏やかさに色を挿すと、布のしぼ立ちは光を受けとめて色に深みが出る。肩にかけると、しっとりとまとわりついてあくまでも優しい。

八丁撚糸《ねんし》といわれる一メートルに四千回近く撚りのかけられた緯糸を、交互に打ちこんだのが一越縮緬になる。

二本、四本、六本と緯糸の越数《こしかず》で二越、四越、六越と呼ばれるにしたがって、縮緬特有のしぼ立ちが粗くなる。粗いといっても、不愉快な粗雑さではない。みっちりつまった緯糸のしぼの波立ちが布の表面にさざ波のように現われるが、柔らかさそのものには変りはない。一越縮緬のおだやかな風合いにくらべると、はっきりした気性と重みとでもいったものがうかがえる。一越は小紋でも留袖でも、色無地に染めても素直に受けつけるが、しぼの粗い四越や六越になると、大まかな柄を染めてこそよく映える。

このような無地縮緬には、裏表がない。したがって、染め返しがきく。色が抜ければもう一度新しい柄のきものにして着て、色抜きして痩せた生地は二度目には羽織や長襦袢に直せる。当節は染め代も高くなって思うにまかせないけれど、光る生地よりも丈夫なことには変りない。

縮緬の産地として有名なのは、いまでも丹後と長浜である。織り上った白生地の不純物をのぞき精練漂白するためには良質の水を必要とする。これを〝練る〟という。女の肌も水の良否で育てられるというが、人柄が練れて、撚りのかかるのは四十を越えてからだろう。

ただひとつ、縮緬にも泣きどころがある。撚りのかかった糸のために、湿気にあうと縮む。じめじめと陰湿な周囲ではちぢこまって、仕立て上りの寸法に狂いがくる。特有のしぼ立ちを大切にしたいのなら、からっと吹き抜けることだ。

柔軟性とは、しなだれかかるばかりではない。相手をくるみこんで、それでいて勁《つよ》さをみせないのが、奥の手である。

五十代は上代、六十代は紬とおもう。

上代は緯糸に紬風な甘撚り糸を使った後染めのお召である。縮緬よりはもうひとつ光沢が失われるかわりに、節が見せる地風の面白みとやや芯のある味が身上。同じ縮緬系統に属するが、たれ加減が少なくなる。もう、誰も頼れる人はいなくなって、自らが頼られる側にまわるのが、五十代である。絹の優しさを残しながらも、しゃんと胸を張っていなければならない。更紗や蠟纈《ろうけつ》などのしゃれた柄をつけるのにふさわしい白生地だし、無地に染めればこくのある紋付にもなる。

着つくした紬の暖かさを六十すぎにはとっておきたい。この軽妙な暖かさは、何度も水をくぐって長い年月に堪えてこそ生れてくる。はじめは身にそぐわずに肩肘張った突っ張りがとれて、ゆきつくところなのだ。きのうや今日のことではない。平凡なように見えても、そのこまかな糸の節は、照る日曇る日の喜びでもあり、嘆きでもある。着始めは目に立つ節も、毛羽立ちや糊などの夾雑物が着馴じんでいるうちにすっかり落ちるように、しっくりと糸と糸との交わりにおさまる。色艶は失っても、耐えぬいた心情は自らの内に包んで見せぬ、角のとれた地風である。したがって色目も柄も、華やかなものは似合わない。渋さが似合う。

染下生地ともいわれるこれらの白生地は、柄をつけ、色を染めあげて小紋から無地、付け下げ、訪問着、留袖、振袖、喪服にまで用いられる。

白生地は早い機会に染めたい。年月を経たものは、染めてもむらやしみが出る。いつまでも白生地のままでおくと、艶を失って黄ばんでくる。それが絹のただひとつの欠点でもある。次第に老けこんでいく白生地の変りようは、能の女面に似ている。幼い美しさの小面《こおもて》にはじまって、若女、増女《ぞうおんな》、深井から老女へと、手ずれて使いこんだ能面の黄ばんだ肌である。白生地は、女の一生を物語るような気がしてならない。

ある友禅師の話

これは七十余年の生涯のほとんどを、友禅の仕事に打ちこんだ人の話である。

向かい側が目的地なのに、都電がさしかかって、さえぎられた。

（しようがねえな）と、大野はハンドルを握ったまま、舌打ちをした。

東京でたったひとつ残されている都電の終点の早稲田である。このあたり区画整理がすすんでいるらしく、来るたびに道路の道幅が少しずつ拡げられているだけに、中央の都電の線路だけがとり残されているように見える。いずれ、この都電も廃止されるだろう。

老いさらばえた老人のように都電が通りすぎてゆくと、大野の車は真っ先にとび出し、いきおいのついたところで乱暴に右折して止った。

そこから先は、歩いてゆかねばならない。

ゆるやかな細い坂道は、ぶっこわれそうな古い家が肩を並べるように立て込んでいて、雨のためか塀の羽目板がいっそう黒ずんで陰気だった。どの家も手が届きそうな庭先に棚をこしらえ、不揃いな植木鉢が並んでいるために雑然としていて、大野はいつも（マンションでも建てたほうがずっとすっきりする）と思わずにはいられない。

御下宿とわずかに読める木の看板や、タイル張りの洋服屋は、まるで芝居に出てくるほど旧かった。

その脇の路地奥が、友禅師蒔田幸次郎の家である。

桟のすりへった格子戸をあけ、声とともに廊下つづきの八畳へ上りこんだ。

昔風の造りで、二畳の玄関から鍵の手につづく廊下に面している部屋は、洋服屋の裏口が迫っているためだろう。天気のよい日でもうす暗く、朝から電気がつけられている。

その下に座りこんだ幸次郎の姿は、いつ来ても変らなかった。

「名指しの仕事は、できたかい」

若い大野がぞんざいな口をきくのは、仕事の注文を出している店の後ろ楯からでもある。今日が一月ほど前に頼んだ仕事の期限であった。

大野がこの家へ来るようになったのは、いまの店に勤めはじめた時からだから、もう七年にもなる。

飴色に変色している白木の仕事机にかがみこんだ幸次郎は、顔も上げなかった。

あぐらをかいた大野は、ポケットから煙草を取り出して、黒い眼鏡が鼻の中ほどまでずり落ちているのを眺めた。

左手に青花で模様付けした白生地の伸子を持ち、十文字に持った二本の筆を動かす。わずかずつ色目が挿され、白い布に絵模様が彩られていくのがあぶり出しをおもわせるのは、火にかざすためだろう。仕事机の真ん中は四角くくりぬいてあり、下の練炭火鉢は、夏でも火が絶えたことがない。

色を挿しては火の上で乾かし、たしかめるように眺めてから、絵筆を動かす。

後ろは壁土のはげ落ちた床の間である。中央に茶箪笥くらいの漆塗りのつづらが一つ置かれていて、まだらについた絵の具の汚れさえなければ、骨董屋がいい値をつけるだろうにと、大野は口に出して惜しがったことがある。

脇にはうっすらと埃をかぶった本がうずたかく積まれ、牛乳瓶やら広口のガラスの瓶などにつっこまれた洗った絵筆は、百本を超えるだろう。

そのなかで、幸次郎の白髪だけが、確実にふえていった。

二、三年前、彼の座っている部分の畳が新しく変ったことがあった。そこだけ床が腐って取り替えなければならなかったと聞いて、大野は身ぶるいした。

たいした金にもならないのに、夏も冬も練炭火鉢の前に座りこんで動かない仕事を、何十年もつづけてきたのか、とはじめて考えた。

店にとっては大野よりも、幸次郎のほうが旧い。幸次郎は数少なくなった友禅師の一人で、留袖の絵付けが専門である。それも、高級ものの仕事を廻すのだが、派手ものがめったにないのは時代おくれのせいだろうと、大野はいささか小馬鹿にしている。

一ヵ月ほど前、客の注文で頼んだとき、振袖を扱うのははじめてだったので、彼は心配のあまりよけいな口出しをした。

それを聞いたとたん、幸次郎はいつになく絵筆を置いて、はっきりと言った。

「色はまかせてくれなければ、仕事はできない」

見ての通り、自分は原色しか買わない。その原色だけで自分の色を出すのに一日かかることもある。渋みを黒でつけるのは楽だけれど、ほかの人のした仕事でも見ればすぐわかる。でも、自分はしないと、たどたどしくつづけた。

聞いている大野のほうが息苦しくなる重さで、「じゃあ、そういっとくよ」と慌てた。

それでも、出来上りを見るまでは気がかりであった。

一区切りついたらしく、彼ははじめて筆を置き、眼鏡をはずした。

そのままの姿勢で肩をひねり、後ろのつづらから白生地を取り出して、巻きを突いた。

ころころと白生地が大野の膝のあたりまで広がっていくと同時に、大ぶりの熨斗柄が友禅流しのように浮き立って、そこだけが春のようであった。

「いい筆がなくなったから、あしつけはやりたくなかった」

あしつけには鹿の毛でこしらえた筆を使う。金がかかっても商売道具だから夏毛の筆を手に入れたいのに、冬毛の筆も少ないのだ。夏にむかって生える柔らかな毛でなければ、ぼかしの味も違ってくる。

しかし、大野は知らない「あしつけ」という言葉にこだわるよりも、目の前の友禅の地味なでき映えに気をとられていた。

たしかに、見事だが、色目が地味すぎる。留袖ならこれでいいかもしれないが、振袖はもっと、こう、ぱあっと派手なところがなきゃいけない。

「ちっと、地味じゃないかい」と大野は首をかしげて見せた。

「水にいれると、浮き立つ」

それに地色が黒だろう、と幸次郎はぶっきら棒に答えた。

「そうかね、そういうもんかね」とあいづちをうったが、納得ができない。

「いまは派手もんが流行《はや》りだからなあ」

ここの赤も、もうちょっととといいかけると、「隣の色との調子っていうものがあるんだよ」とさえぎられた。

「赤ばかり目だつようじゃ、いけない」

「そのほうが、派手になるだろ」

「それじゃ、俺の仕事じゃない」

大野はちょっと慌てたが、彼は怒ったふうには見えなかった。

「いまの色を挿していると、次の色が浮ぶ」

「へえ」と大野は、ますますわからなくなった。

今はカゼインなんかを接着剤に使うが、昔は膠《にかわ》だった。冬は固まって、夏は腐る。朝、鴇《とき》色にしたのが、夕方には白茶になってしまう。膠が固すぎると縫いができない、といままでにないほど、幸次郎は饒舌であった。

「それにくらべると、今は楽だ。色が変らないし、できたものを使ってもいい。そのかわり、誰がやっても同じになる」

「そんな楽な仕事を、なんでする人が少なくなるのかね」

「教えられないよ、いまの子の気性じゃ」

一人前になるまで、どのくらいかかったのかと、若い手描きの友禅師を頭に浮べながら大野は訊いた。同じような仕事だが、あっちは白生地に見るまに絵を描いていく。色目も新しいし、ずっと面白そうだ。爺さんもうっかりしていると、都電みたいになっちまうぜと教えてやりたいくらいであった。

「一人前は、なかなかむずかしいな。三年でそこそこ、五年が山だ。五年を越えれば、あとはすっといく」

「でも、いまは学校出たての若い者が、どんどん仕事をしているぜ」

「人に教えられるもんじゃあない。弟子にしてくれっていわれて、五、六人置いたこともあったが、駄目だった」

そういうと、まるで自分のお喋りを恥じるように、黙りこんでもとへ戻った。

これでいいのかとどこかに危ぶむ気持がまだ残っていたが、大野は客が名指しで注文するくらいだから、と思い返した。

「そうそう、忘れるところだった。お客がこの振袖を着たところを見てほしいってあずかったよ」と、内ポケットから切符を一枚出すと、けげんそうな顔をしている幸次郎の前に押しやった。

「東踊りだよ、行ってきなよ。畳が腐るほど座りこんでいちゃ、躰にも毒だろう」

おくれた時間を取り戻すように、手早く用意した木綿風呂敷に反物を包みこんで、立ち上った。

畳の上に残された切符を手にとらずに、幸次郎は顎をあげて眺めた。

（いったい、誰が……）

名指しで仕事を頼まれたのは戦前まであって、四十年このかた、絶えてない。

（どこの誰が、自分に仕事を頼んだのだろう。しかも、着たところを見てくれ、だって？）

友禅の仕事は、自分一人ではできない。

構図を考えて、仮絵羽の白地に和紙で描いた下絵を青花で写す模様師がいる。その模様を色挿しをするのが絵付けといわれる友禅師の仕事だ。絵付けをしたものは伏せ糊を置き、地染めをされる。色を定着させるための蒸気の箱にいれるのは蒸し屋、水洗いする水元屋、それに加工の縫い屋や箔置き屋とこまかに分業である。

いまは大野の店のように一貫作業による大量生産を行い、卸《おろし》を兼ねる問屋もあるが、昔ながらのこういった仕事の方法も残っている。

自分の仕事は絵付けだから、それが終ればでき上りと考えていた幸次郎は、着たところを見てくれといわれたのは、はじめてであった。

小学校を卒業した年、教えの十三のとき、幸次郎はこの道へはいった。

父親は左官屋だったが子沢山で、二つ年上の兄も風呂敷ひとつで奉公に出た。

仕事を選べるほどの余裕はなかったし、年も幼かったが、口入れ屋の紹介で京都の友禅師のところへ弟子いりした。

江戸時代からつづいた腕のいい友禅師の五代目の師匠は、目見得の時、膝を揃えて座った幸次郎と竹雄に、ろれつの回らない声でうなった。

「仕事は教えてくれると思うたら、大まちがいや。盗んでおぼえるんや」

そういう師匠は五、六人の住込み職人に仕事をまかせ、昼間から義太夫と酒で、年に一度ほどしか絵筆をもたないから、盗み見することも出来ない。

最初は使い走りや掃除の雑用が、彼らの仕事であった。

冬のさなか、兄弟子たちが使った筆や絵皿を何十枚となく洗う仕事は、辛い。十一月の声をきくと指はふくれ上り、ひび割れる。

霜焼けとひびの切れた手はいっそうかじかんで、一晩つけた大豆を擂鉢《すりばち》でするにも、伸子張《しんしば》りの手伝いにも、ひりひりと血が滲んだ。

豆汁は染料の染まりと発色をよくするため、白生地に刷毛《はけ》でむらなく塗る。こんな張り具合で仕事ができるかと怒鳴られ、刷毛の持ち方が悪いとひったくられて、頭を殴られた。

どんなに辛くあたられても、幸次郎はむっつりと表情を変えなかった。

それでも出かかった涙を堪《こら》えて歯をくいしばるたびに、腹の底に熱いものとなって固まっていくように思われた。

　熊みたいなやっちゃと「熊」と渾名《あだな》をつけられた幸次郎とは反対に、二つ年上の竹雄は明るく、要領がいい。玄関に据えられっぱなしの四斗樽から片口へと一滴もこぼさずに酒をつぐこともできたし、伸子の竹ひごをはずす手も素早く動く。はしっこく、はきはきしていたから、兄弟子たちにも評判がよかった。

　大正の末の頃は「暮三月《くれみつき》」といって九月の末から十二月にかけては、徹夜で仕事をしなければ間にあわないほどの忙しさであった。年に二度の休みの藪入りから帰ってきた幸次郎と竹雄が顔をあわせたとたん、話に出るのは秋祭りのことである。今年は、秋祭りに休みをもらえるかどうか、二人は毎晩、熱心に語りあった。

　九月末の祭礼には赤飯で、弟子一同彼らに至るまでお頭つきと振舞酒が出されるのがきまりだったが、食べ盛りにもかかわらず、お膳をぬきにしてもかつぎたいのが御輿《みこし》であった。出入りの鳶《とび》が新藁でつくった注連縄《しめなわ》を張りに来て、白い幣《ぬさ》がひらひら舞うと、彼らの気がかりは頂点にさしかかる。持って来られた仕事次第だから、祭りの前夜まで予定は立たない。おそい夕飯をいつもより待ちかねて、一同が座ったところで、休みかどうか、言い渡されるのであった。

　年期奉公は、十年の約束、食べて寝るところは保証されるが、あとはわずかな小遣いだけである。親にとっては口べらし、子にとっては身を立てるための職業であったが、十年の年期奉公を無事につとめ上げなければ、どこへ行っても相手にされない。

秋祭りと、盆と正月だけしかない休みを楽しみに追い使われていた幸次郎が音《ね》をあげなかったのは、それであたりまえという当時の風習でもあったが、この仕事が好きになったという理由がある。

兄弟子たちの白い生地に、風景や花鳥や、芝居の絵模様にも似た大名行列などが彩られていくのを見ると、その美しさといつかは自分もという期待に、身内がふるえてくるような昂《たかぶ》りをおぼえた。

二年目には、胡粉《ごふん》や濃豆《こつまめ》の仕事が与えられた。濃豆は地入れよりも濃い豆汁を、色が滲み出ないように下塗りをするのだが、胡粉には苦労があった。

錦紗《きんしゃ》の生地は、胡粉が塗りにくい。

手早く刷毛を動かさないと、水ばかり走って、共ぼかしのようになってしまう。

竹雄のすばしっこさにくらべて、幸次郎ののろい手は、いっそう目立った。

「なんや、その手ぇは」

筆の尻で容赦なく小突かれた眉間から、火花が散った。思わず手をやってうつむくと、「泣きをいれたら、だいなしになるんや」とねちっこくくり返される。

染めの仕事で、色が滲むのを泣くという。泣いたものは、商品として通用しない。

痛みのために滲んだ涙を、幸次郎は額にあてた掌で強くこすりとった。

「竹雄の胡粉はきれいだ」と師匠が口に出してほめたので、兄弟子たちの風当りは、ますます強くなった。

ある日、みんなが済んでしまった台所で、おそい食事の箸をとったとき、思わず無骨な太い指を見つめた。

（どうして竹雄のように、素早く動かないのだろう。自分には、この仕事がむいていないのではないか……）

何回もどつかれた揚句の、ふいの思いであっただけに、惨めであった。

幸次郎は箸をさかさに持って、手を動かしてみた。

（おれは、駄目なんだろうか）と沈みこんだ。

辛いのは堪えられる。しかし、こんなことでは、一本立ちになってやっていけるだろうか。

うつむいた目に、若草と朱の雪輪の友禅が映った。

幸次郎は驚いて、目をあげた。

同い年のこの家の一人娘おみねであった。

「幸やん、友禅は色目や。わて、そのうちにあんたのきもの着るの、楽しみに待ってるわ」

彼はうなずくように頭を下げると、飯をかっこんで仕事場に戻った。

はじめて色を使わせてもらったのは、その翌年の十五の時である。

「この松の下ぼかしをやってみい」と渡されて、色を出すことからはじめた。

群青である。

いいだろうといわれて、夢中になって白生地に筆をおろした。絵筆をなめながら仕事をしたので、口が真っ青に染まった。

それから先の松の緑は兄弟子がするので、許されない。

それでも一人前になったような気がした。おみねに見てもらいたい、と思った。

その日、仕事が終って銭湯へいっても、彼は顔だけ、洗い残した。

五年目の山場にさしかかった。

幸次郎は色を相手にするようになって、励みが出てきた。

七色の原色を組み合わせて、色を創り出すことに熱中した。ひとつの色だけでなく、その隣、また周囲を彩っていく重なりあい、分量による組み合わせが面白かった。

はじめて一枚のきものの責任をもたされたとき、同じ柄でも、同じ色づかいでも、幸次郎と竹雄のでは、まったく違った印象に染め上った。

翌日、納めた品の一つが、色目が気にいらないと返品されてきた。

「わての仕事が返されるはずない」と竹雄は素早く大声でいった。

幸次郎はじっとその絵付けに見入っていたが、これは俺のした仕事じゃない、というところを黙って叱責を受けた。

翌日から、いままでにもまして早く起きるようになった幸次郎は、朝飯前に色を創った。

「竹やん、俺作りすぎたから、使うてくれないか」と一晩中考えた言葉を口にした。

彼は平然として受けとり、幸次郎はよかったと、ひそかに胸をなでおろした。

二つ年上だから、幸次郎のする事は当然だと思っていたのだろうか。それとも、竹雄は自分の色に気づいていたのだろうか。

年期明けた年、もう一年いてくれと幸次郎は頼まれて残った。

腕のいいのを見込まれてのことだったが、戦争がはじまって、手が少なくなったという理由もある。竹雄も自分から言いだして残った。

翌年、竹雄は一人娘のみねと結婚し、幸次郎は東京へ戻って独立した。

彼がみねと会ったのは、それから二年目、盃をもったまま倒れ、三日間の昏睡状態のまま亡くなった師匠の葬式の時が最後であった。


友禅はさまざまな人の手を経てでき上るが、そのなかでも絵付けを受けもっている幸次郎は、容易に染め上った時の予想はつく。しかし、染め上ったきものをどんな人が着るかまでは、考えたことはなかった。

自分ひとり、納得のいく仕事をつづけていればいいという考えは、自分の手がけた絵付けのでき上りは見ないでもわかるという自負でもあった。

自信はあるが、ここ十年以上留袖の仕事ばかりで、派手ものの振袖の注文はなかった。

時流にあわないのを、あんな仕事はおれにはできないとかたくなに身を守ってきたためもある。新作発表会にも絶えて出かけていない。

それは本当のきものじゃない、とする考え方を、目で見てたしかめたかった。

たまたま大野の置いていった切符をきっかけに、見てみようかと思うこころをそそられた。

しかし、歌舞伎座の廊下の片隅に立っていると、晴れがましさと色の氾濫に目まいがした。

（まるで色の化物だ）と彼は思った。あの穏やかな色目の調和しあう心地よさは、どこへ行ってしまったのだ。

あの花の紫はきれいすぎる。丹頂鶴の赤さは違う、渋みに黒を使っているな。お、あの紅梅の色は使える、と行きかう色のなかで、彼は頭痛をこらえて立っていた。

開幕のベルが鳴って、廊下のざわめきが静まりかけた時、あ、と視線が吸いよせられた。

（おれの仕事だ）

幸次郎の絵付けをした、黒地に熨斗の振袖が近づいてきた。

その仕上りに酔ったように満足している彼には、連れに気がつかなかった。

「幸やん」と呼ばれて、振袖から目を離すと、こっくりした海松藍《みるあい》の模様ものを着たみねの顔が笑いかけていた。

呆けたように突っ立っている幸次郎の前に、みねはその美しい振袖の娘を軽く押すようにして言った。

「わての孫どす」

美しい娘はしなやかに頭をさげ、彼の前でくるりと回ってみせると、「おおきに」と涼しげな笑顔を残し、一人、扉の方へ歩いていった。

その後ろ姿とみねとを見くらべていると、

「ええできやわ、幸やんのほんまの仕事」

「どうして」と、彼は口の中でつぶやいた。

「デパートで紋付見せてもろうて、幸やんの色やと探しました」

でも、竹雄がと言いかけて、あわてて幸次郎は言い直した。

「あの人は友禅師やない、商売人どす」

竹雄は師匠が亡くなると、絵筆をとらなくなった。次第にきびしくなってくる戦争と統制をくぐって、白生地と染料の買占めに奔走し、戦後はそれを資本に友禅工場を作った。

「お父はんが生きてはったら、きっと言わはります。幸やん、よう辛抱して絵付けを続けてはる」

好きだから、と答え、かっとうろたえて言い足した。

「これしか、なかったんで」

五十年の腹の中の固まりが柔らかく溶けていくようで、彼はしっかりと拳を握り、突っ立っていた。

二月

江戸小紋──武士のこころ

花をのみ待つらん人に山里の雪間《ゆきま》の草の春を見せばや　家隆

大炉《だいろ》にはたっぷりの炭が、燃えさかっていた。

T夫人の差出すお菓子はあつあつの笹団子。

自在鉤《かぎ》に釣るした侘びた薬罐《やかん》から御亭主は無造作に柄杓《ひしゃく》をとりあげて、筒茶盌《ちゃわん》で茶を点《た》てた。

寒中である。外はびしびしと締めつけるような寒さであった。

心いれのぬくもりをしんと噛みしめていると、ぱらぱらと乾いた音。

「霰《あられ》ですな」

うなずいて、耳をかたむけると、ひとしきり繁くなって、ふっとかき消すように音が絶える。

寂寞とした世界に、いまを生きる時の流れがお互いの胸に通い合う。

腰板障子に手をかけて引き開けた時、空は薄らに明るんで、庭石の間に霰が白くたまっていた。

この日、私はお土産をいただいた。

伊勢の白子の和紙に彫った観世音菩薩である。

しなだれる小枝を左手に持ち、ゆるやかにまといつけた衣から豊麗な片乳房があらわれているが、艶にならないのは意志的な唇と太い眉の面立ちだからだろう。

宝冠とその下からあふれる髪のうねり、薄い法衣の流麗な線、小枝をかかげた五指の表情、背景の三重の光輪。茶色の型紙に錐《きり》穴の大小で輪郭をあらわし、疎密で立体感を出した〝楊柳観音〟は、わが家の壁にかけられて、いまも透徹した半眼で見下ろしている。

手にした楊柳は、病難をよけ、生命を新たにし、生活力を増す象徴という。

重要無形文化財錐彫の九文字を、これも錐彫であらわしたこの額について、T夫人は「昔、主人が鈴鹿にいました時、お世話になったお寺の五百年忌の記念品で……。家におくより先生に差し上げたほうがお役に立つと思いますから」と言葉少なに語られた。

いただいて五、六年も経とうか。

楊柳観音を彫った型紙は、次第に濃さがまして焦茶色《こげちゃ》になった。

和紙を重ねて柿渋を塗り、数日燻《いぶ》した型紙は、江戸小紋をはじめ友禅などの型付けに用いるが、古くから伊勢の白子が知られていた。

裃《かみしも》小紋といわれる江戸時代に武家の裃に染められた小紋の伝統は、上質な和紙に加えて高度な技術で、いまも女性のきものに受けつがれている。

半円形の錐を回転させてけし粒ほどの穴をあけ、密集させて鮫を作り、直線を組み合わせて亀甲をあらわし、均等な曲線で立涌《たてわく》、松葉などの自然現象から、植物、動物、または文字や鍋釜に至るまで、その文様はすべてにわたっている。

きものの仕事をはじめて日が浅かった頃、〝大納言〟と名づけた柄がわからなくて訊ねたら、「大納言は紀州の殿様、島津より位が上だからこまかく上等で、一寸角に九百の鮫小紋のこと。いまの最高が七百五十で、もう型紙を彫れる人はいない」と教えられた。

この一寸は曲尺《かねじゃく》だから、約三センチ四方に、九百の錐穴を彫ることである。いささかの狂いもなく均等にあけられた極細の穴で構成された型紙は、神経の鋭さと、持続する忍耐の力とが見る者の心をうつ。

江戸小紋のなかで、意外に知られていないのが縞柄《しま》。一寸幅に二十四本が最高で、以前は三十本もあったという。薄刃の小刀でよどみなく引き彫りする姿に、真剣の気合いがこもる。縞はよろけやすいので、彫り上げた二枚の型紙の間に絹糸、いまは紗《しゃ》を入れて補強する。一ミリにも満たない縞と縞をあわせるのだから、考えただけでも息がつまりそうだ。だがその精魂の仕事は、染め上げてきものに仕立てた時、凜《りん》とした気品を放つ。

型紙を彫る人も糸入れのできる人も高齢にさしかかり数少なくなって、後継者の人材難と聞く。

彫師が自ら菱や桜の花弁型の道具を作り、四つあわせれば武田菱、五つあわせれば小桜、同じ花弁でも散らせば小桜散らしと呼ぶ小紋は道具彫である。

型を彫るのも気合いならば、型付けも熟練を要する仕事である。

小紋柄はもともと武具の皮などに用いられたのがはじまりとされているが、彫り上げたこれらの型紙を使って糊置きし、乾かした後、地染めをして落した糊によって模様が白くあらわれた一色のものをいう。この正調江戸小紋を裃小紋と呼び、他と区別する。花柄や鍋釜、文字などの主に道具彫に見られるくだけた柄は、後に庶民のきものの柄として工夫されたものであろう。

当時の武家や大名たちは定めの小紋と称し、徳川のお召十《めしじゅう》、武田の武田菱、佐々木の宇治川など柄をあらわす名称はいまも残り、〝お止め柄〟として他の者が着ることは禁じられていた。そのことは小紋柄を見ればすぐそれとわかる効果をもたらせたが、逆にあまりこまかい模様のために薄暗い場所では見間違って、別人を刺してしまったという仇討ちの話を、小説で読んだような気がする。

二、三歩離れれば、もう無地にも見えるこれらの小紋は、西の友禅の多彩さに対し、いかにも武家の出らしい気品と廉潔《れんけつ》さがあって対照的である。

私は江戸小紋が好きだ。それを着ていた武士たちよりも、むしろ型紙をつくる人たちに武士道を感じる。

習練の極としかいいようのない練熟した勘は、手仕事をする職人の行きつく共通の至芸だが、一丁の小刀、一本の錐の鋭い切れ味が真剣勝負を連想させるからだろうか。

立ち向かう相手は他者ではない、自分の仕事である。自分との闘い、克己による無想の境地がなければ、あんな見事な型紙を彫り上げることはできまい。

楊柳観音をわが家の壁にかけてから一年ほど経ってからだろうか。私は重ねてT夫人から、一冊の本をいただいた。

蒼天を思わせる青い水彩のむらむらと滲んだような表紙を見て、すぐ「雲流るる果てに」という言葉が思い浮んだ。左下の白い空白に〝貴様と俺〟の題名があり、〝海軍第一期飛行専修予備生徒編〟と小さな文字で印刷されている。

「死んだ人間は、もう何も語らない以上、われわれは、遠いあの日の呻《うめ》きにも似た彼らの純朴な魂を胸に、己れの生き方を、より深く意志する他はない」という序章に、忘れていた三十四年前の痛みが、思いおこされた。

俘虜収容所での生活、分隊長の自決、きびしい軍隊規律、戦友への回想、出撃前の最後の便り、恋人との別れ……。生き残った人たちのさまざまな想いをこめた記録集である。

T氏もまた、鈴鹿航空隊の生き残った一人であった。

その若い日の生なましい激情を人生観に加えて、成熟した人柄のなかに一本の太い線を持ちつづけているように見うけられる。

空襲で遮断された交通網のために、最後の面会の日に一室に閉じこもり、暗くなるまで筆をとりつづけていたという父上の話を読むと、自らを律する武士道にも似た気迫に心打たれた。

結婚する際、自分の正しいと思う考えがいれられなかった時は会社を退く覚悟だ、屋台を引いても困らせるようなことはしないから生活を派手にしないようにと言われたとT夫人は語ったことがある。その話は、出処進退の明らかな人柄を物語っていよう。

自らを律する精神も、地位や金銭のために主義主張を曲げないことも、出処進退を明らかにすることも武士の道と思う。

老いてなお美しいT氏の母堂に似たT夫人は、夫君の言葉を守るひかえめで心温かな人である。

この似合いというよりほかはない御夫婦を見るたびに、江戸小紋の裃と江戸小紋のきものを着せてみたいと思うのである。

布の味

東京農工大学工学部附属繊維博物館（現在は、東京農工大学科学博物館）に取材にいったことがある。

中央線東小金井駅より車で五分たらず、武蔵野の面影をのこす一角の、大きな樫の木立にとりかこまれた正門右手の三階建てが、それである。設立は明治十九年、この博物館の特徴は、繊維原料から、織り、編み、組みの工程が一目でわかるように部屋別に展示されていること。

白芙容に似た綿《わた》の花が咲いている。同じ枝にはポピーの蕾のような球形の実の割れ目から、白い綿が顔をのぞかせているのを見ると、自然の恩恵と不思議さに（これが）と感動させられる。

傍らには糸操機があって、木製の取手を回すと綿から細くよじれあった一条の糸に撚《よ》りがかかりながら巻きとられていく。

手組台による紐の組み方は、からくり仕掛けに似て楽しく、新しい繊維には光を伝えて先端が赤、青と宝石のように輝くものがある。

蚕《かいこ》から絹を作る過程、水に溶ける繊維とそれを利用した製品、繊維強化プラスチック製品まで、新旧のあらゆる原料とその製造工程が展示され、物を創ることの興味と関心をよびおこす。

ほとんどの博物館が見るだけで触れることを禁止しているのに対し、ここでは「触れて試めしてみる」ことを目的としている。

〝ふれる〟または〝さわる〟という基本動作には、物の確認とそれにつながる心の動きがあることが、赤ん坊の動作を見ているとよくわかる。

人間の大切な視、聴、嗅、味、触の五感のなかで〝触〟の部分だけがひどくなおざりにされているような気がしてならないのは、過度な〝視〟のせいだろうか。

大気汚染で嗅覚は衰え、耳は騒音でバカになりつつある。視覚と味覚だけが異常に発達し、触ることが少なくなったのは、便利な機械ができすぎて、手と物との間にへだたりができたからだともおもう。

見てくればかり、色柄ばかりにとらわれて、指先で確かめようとしない人がふえた。だが、きものにしても帯にしても、帯締めにしても、触ってみなければ着心地や締め心地はわからない。打ちこみの甘いものはすぐへばる。かといって強いばかりがよいわけではない。緯糸《よこいと》と経《たて》糸《いと》のしっくりかみあった状態が地風を決定するのである。その交差する糸の緊張度は、機械と手織りとの区別を判然とさせる。柔らかくて、しかも腰がある地風、しなやかで伸びない組み加減の点では、機械はとうてい熟練した人間の手には及ばない。機械で織り上げるために、きりきりいっぱいに張られた経糸に打ちこむ緯糸の強さは、織り上った布にゆとりをもたせない。強いられた緊張の連続で織り上げられた布が、手織りにくらべて脆いのは人間の育ち方と同じである。

紬《つむぎ》といわれる絹を原料としたきものでも、蚕からの糸の取り方で、まったりと暖かい紬と、すっぺりと冷たい大島とにわかれて布の持ち味が違う。羊毛からの製糸の工程で、機械でしたものは糸がやせているという。

人間の手は、やさしさを生み出せるのである。

機械で組んだ帯締めは、かっちりと堅くて弾力性に乏しく添いが悪い。おまけに芯をいれたものは、外側と芯の伸縮度がちがうから、上皮だけが伸びてすぐ使いものにならなくなる。それにくらべて、手組みの帯締めはぴしっと締まる。締まりながらも、呼吸につれて伸び縮みするような弾力がある。しかしこれも手加減で、下手が組むと柔らかいばかりで伸びてしまう。女性の作った組紐よりも男性のそれに分があるのは、きものの男仕立ての場合と同じで、力と勘どころの違いかしらんとも思う。

機械で織り上げた布でも、糸の撚り具合や緯糸の入れ方、組織の変化で複雑な味が出てくる。どっしりと重めの縮緬《ちりめん》は一足ごとにまつわるように揺れて、心のゆとりがなくては着こなせない。六越縮緬のしぼの粗さは、直接肌に触れると、妖《あや》しげな波立ちをおこさせる。羽二重《はぶたえ》はさやさやと清げで高貴な淡白さがあり、紋綸子《りんず》の滑《なめ》りは、媚びるように甘い。

これらの絹にくらべて、木綿の味はさっぱりのひと言に尽きる。化繊はどこかべたついた冷たさがあり、芯まで冷たい麻の清涼感とは違う。ウールはチクチクと肌ざわりが悪い。

こんなふうに感じるのも、私が始終きもので暮らしているせいだろうか。

打ち合わせ形式の躰を包みこむきものは、手を動かすにしても足を動かすにしても、布と肌の触れあいがある。打ち合わせることによって、布と布との触れあいがある。これが着心地を大きく決定する。

私の情感を育ててくれたのは、こういったさまざまなきものであった。

皮膚感覚で育つものは無視できない。透きとおった飾りのついた下着は、見てくれはいいが着心地は決してよくない。汗も汚れもすいこんで、洗濯すればさっぱりともとへ戻る木綿のような丈夫な子が少なくなった。

泥じみは熱湯で煮洗いすれば、落ちてしまうのだ。洗濯に多少の手間がかかっても、子供は木綿で育ててほしい。

大正十三年の柳田国男の『木綿以前の事』には、麻ばかり着ていた庶民が木綿を着るようになってから「肌膚を多感にした」と書いてある。

「心の動きはすぐ形にあらわれて、歌うても泣いても人は昔より一段と美しくなった」ともつづいている。

いまこそ、五十年前よりも人はもっと美しく、多感になっているはずなのだが。

銘仙

勾配のきつい坂道を、車は次つぎと登っていく。

視界がひらけ、躰の安定をとりもどすと、窓の両側は墓であった。樹木の少ないせいであろうか、洗いたてのように揃って新しい墓石が整然と並んでいるのは、墓地に似つかわしくない晴ればれしたところがある。

山ひとつを開発し、墓地として分譲したのだろう。南西の傾斜に沿った道をやや下り、折れ曲って車は止った。

緑の多い狭山丘陵のゆるやかな起伏が近く、ふり返るとはるか遠くに、地図のような町が点在していた。

車から降り立った人びとは、口ぐちにその眺めのよさをほめながら、白い金襴のおおいをかぶった骨壷を抱く喪主につづいた。

二月二十四日の命日を前にした叔母、岩田花の一周忌である。

黒御影のつややかに光る墓石には〝倶会一処《くえいっしょ》〟と彫られてあった。

どういう意味なの、と私は喪主の亮に訊ねた。

「倶は、ともに、みんなということで、老少不定相前後してこの世を去った者たちも、阿弥陀仏の力でひとしく西方浄土に生れ集まるという意味だそうで、この言葉を選んだんです。生きている間は考え方や生きる道が違っても、いきつくところは同じというふうに解釈してるんですが」

「いい言葉ね」と私はうなずいた。

亮は墓の中におさめられる骨壺に「じきに行くからね」と明るい声をかけた。

あんなことといって、と妻の恵美子が顎をひいて微笑した。

その手に小さな宝石箱ほどの銀器を持っている。

「お形見？」

「いいえ、お義父さんのお骨です。一緒に納めることにしました」

花の二度目の夫、亮にとっては義理の父のお骨である。

墓のふたが閉じられるのを見守りながら、私はこころのなかで（倶会一処）とくりかえした。

風はなかった。読経に頭を垂れている人びとに、冬とは思えぬ柔らかな陽差しが降りそそいでいる。その暖かさはコートを脱いだ色喪服の肩からさしこんで、暖かにさらさらと躰の奥底まで洗い流すようであった。身じろぎもせず立っていると、これが西方浄土かとおもわれるような和やかなしずまりであった。

納骨が終っての会食の時である。

「形見ですので」と恵美子が差し出す白い紙包みを、開けてもいいかしらと念を押して開いたとたん、「ああ、これ」と声に出して思いあたった。

茄子紺《なすこん》といわれるわずかに紫を含んだ紺地に浅葱《あさぎ》の高麗格子は、心臓を病んでいた叔母が、寝たり起きたりの生活のなかで着ていた銘仙の袷《あわせ》である。

明治生れの、老いても崩れぬ面立ちと、どこか華やいだ仕草を残す叔母に、このしゃれた高麗格子はよく似合って、「おさがり、ちょうだいね」と言ったのを、そばにいた恵美子は憶えていたのである。

「ふだん着で着尽してありますので、どうかと思いましたけど……もう一枚用意しました」と彼女は言い添えた。

もう一枚というのは新しい黒の夏羽織で、たとうの表に門真市と呉服屋の住所が書かれてあるのをみると、まだ元気な大阪での一人住まいの時に注文したのだろう。

袷の銘仙はさっぱりと洗ってはあるが、彼女の言葉どおり、いくたびも洗い張りをして縫い直したらしく、袖口や八つ口のあたりが傷んでいる。好んで着たためか、膝前と居敷にあたる部分が当て布とともにこまかく刺してあるのは、晩年のままならぬ立居振舞が偲ばれて、哀れであった。

それでも栗茶色の八掛《はっかけ》と胴裏は新しい絹であった。

昭和も十年代のものだろうか、と私はおもった。

戦後、銘仙はウールに押されてすっかり影をひそめた。産地として有名だった伊勢崎も、丈夫で人気がある紬に転向して、わずかにその大絣に昔の銘仙の面影をとどめているものもある。

銘仙の前身は太織《ふとり》とされている。江戸文学には「上田太織の鼠の棒縞」「紬のふとりを無紋の花色染にして」「こんのもめんに、ふとりじまのおびをしめ」などと〝太織〟がたびたび登場する。太織とは、太い絹糸で織った丈夫で厚手な平織物で、屑糸や玉糸を使って織り上げ自家用にしたとあるところから、当初は丈夫な紬だったのだろう。

この太織を改良し〝目専〟〝目千〟（めせん）と名づけたのは、目のこまやかなもの、つまり糸も細く密度のある織物への変化を意味する。

戦前、私も母のこしらえてくれた銘仙を持っていた。ひとつは反物一幅を四つに分けた太さの紫の矢絣、もう一枚は牡丹色に黄緑の雲立涌。少女期の定まらない躰に、糸も細く、軽くてすっぺりしたふだん着の銘仙は、それまでの晴着の重みや常着のメリンスとは違った絹の感触の微妙さを教えてくれた。

さかのぼって考えれば昭和十年代も半ばをすぎての、人絹のまざる手前のものだったのだろう。その後、絹紡糸、人絹、ガス糸などを用いるようになった銘仙は、粗悪品と不評を買う原因となった。

「銘仙も弱くなって」と家人が話していたことを憶えている。

しかし、叔母の銘仙は節《ふし》があって、大正から昭和にかけて最も多かったといわれる経《たて》に絹糸、緯《よこ》は玉糸の〝玉糸銘仙〟であった。

森田たまの『もめん随筆』は有名だが、全集のなかでは『きもの随筆』の方が明治末から大正、昭和にかけての風俗習慣を知る手がかりになる。

北海道に生れ育った作者は、上京した折の東京の同年輩の女学生の服装を、髪はマーガレットローマで大きなリボンをつけ、羽織とお対の紫の銘仙に海老茶の袴、千代田ぞうりに白足袋をはいて、胸に友禅の本包みをかかえて通学すると描写している。

この銘仙は作者の北海道時代に、男の学生が「絹ものでぶつぶつしている」と相手に説明しているのを小耳にはさんで、(秋田八丈はつるり、糸織りの矢絣もなめらかで、絹物でぶつぶつしているきものは、いったいどんなものだろう)と想像する場面があり、やっと実物を見て納得するのが、この虎ノ門女学館の女学生の姿なのだ。

これによっても銘仙は、明治の末の東京の女学生の制服のように用いられ、ひろまっていったらしいこと、その頃の銘仙は節があったことなどがわかる。

玉糸を使って織った叔母の銘仙は、私の持っていた矢絣よりも丈夫なはずであった。その軽やかな親しみやすいきものをいつまでも手離せなかったのは、娘時代に大正を過した人の、当時全盛をきわめた銘仙に対する愛着だったのだろうか、それとも、ほかになにか思い出でもあったのだろうか。高麗格子は芝居好きだった叔母の成駒屋に対する憧れだったのだろうか。

生前、五、六回ほどしか会っていない彼女に、聞きたかった話は山ほどあった。上海時代の生活、会ったことのなかった日本基督教正教会長司祭だった大叔父のこと、さらに二代さかのぼった岩田カツのこと……。この叔母だけが、大正六年に京都で死亡した私の曽祖母にあたるカツとその生前に暮らしたただ一人の証人だったのである。

叔母の訃報の知らせがあったとき、(しまった)と、まず悔まれる思いがつき上げた。知ろうとしても知り得なくなった手がかりを、むざむざと失った日常のせわしなさに対する悔恨は、うすれはしない。

「神戸へついた荷物が爆撃でみんな焼けてしもうてねえ、衣類ばかりか支那箪笥や置物やらまで送ったんやけど、身につけて帰った石の箱だけ残って……」

はじめて会った叔母がなんどりした口調で渡してくれた紡錘形の緑の濃い翡翠《ひすい》の指輪と二枚の形見のきものは、もうなにも語らない。

ポンチョと貫頭衣《かんとうい》

メキシコの留学生、ホセと知りあった。タンピコから来たという。

世界地図を見せたら、メキシコの中ほどの東海岸を示した。そのタンピコから斜め上にあるヒューストンの大学の奨学金を得て、半年間の日本留学中ということだった。

なぜ、日本を選んだのと訊ねると、コカ・コーラに代表されるアメリカ文明は世紀末的だし、ヨーロッパも魅力がないから、と答えた。

三代前のおじいさんは、メキシコインディアンだったという。母方はスペインからの移民で、自分には四分の一、スペイン人の血が流れているというホセは、浅黒い肌と漆黒の髪と瞳の持ち主で、その話ぶりや物腰にはどこか瞑想《めいそう》的な静けさがあった。

専攻は農業技術で、テレビや週刊誌の氾濫するアメリカは心底から嫌いだ、ミコとキトシに会いにいくという。

「禅」という日本語を彼が使ったのはすぐ理解できたが、ミコとキトシはわからない。聞き返すと「オソレザン（恐山）にいる」ということで、巫女《みこ》と祈禱師《きとうし》であることがわかって、驚かされた。

「なぜ？　どういう理由で？」

「メキシコと共通のシャーマニズムを彼らは持っている」

ふうん、と私は思わず日本語でうなった。下北半島の恐山も、巫女も祈禱師も見たことがない。なんでも口寄《くちよ》せとかいって、その人たちに頼むと、一心不乱に祈るうちに会いたい死人がのりうつって喋《しゃべ》るというような話を聞いただけである。

よっぽど奇妙な顔をしていたのだろう。

我われメキシコ人の祖先は、大昔、アジア大陸から冬期の凍結を利用してアリューシャン列島づたいに太平洋を渡り、アメリカ大陸にやってきたのだとホセは説明する。

「だから、髪の毛も眼も黒い」

そういえば貫頭衣も共通だ、とおもいあたった。

メキシコのポンチョ――細長い布の中央に首の通る穴をあけてかぶる形式の貫頭衣は、古代日本にもあった。その他に一枚の布で腰をおおったり袈裟がけにまとったりという衣服もあったが、貫頭衣のほうが今日のきものの原型といえよう。

おそらく着脱に便利なように、もっと暖かいようにという発想から、前を切り開いて打ちあわせ、筒袖のような形の袖がつけられたのがはじまりだろう。前の重なりが充分にほしいために衽《おくみ》がつき、それにそって細長い衿が斜めにつけられるようになったのだろう。

服装史の上では〝小袖〟が今日のきものの源流とされているが、この小袖を成立させる、二枚の身頃、衽、袖、衿からなる構成は、平安貴族の単衣や袿《うちき》と同じであり、襖子《あおし》といわれる衣服にも似ている。

現在、ポンチョはメキシコの高地の人たちが外被として着ているらしいが、同じ型の貫頭衣が長い時代をへて今日のきもののように発達をとげたことと比較して、改めて日本の独自性を考えずにはいられなかった。

しかし、私の乏しい言葉では、これらを説明することは不可能であった。

「あなたの国にポンチョという衣服があるでしょう」

ホセは色鉛筆がほしいといい、渡すと克明に色わけしてポンチョを描きはじめた。

濃いブルーから次第に淡くなっていく横縞の間に、ピンク、オレンジ、赤などをいれた中央は幾何学模様の絣柄である。この虹のように美しいポンチョと、もうひとつブルーを基調にした地味なものを描き上げると、集落によってこの縞は異なるのだ、と指さした。

低地の集落民はペヨテというメキシコサボテンを、高地ではピョロという芋を食べると幻覚症状がおこり、それに従って織ったものを着るから、ポンチョの色柄でどこの集落出身か判別できるという。

私の質問に、自分もそのサボテンを食べてみたことがあるが、幻覚症状がおこらなかったのは純粋なインディアンではないからだ、とホセは真顔で答えた。

そういえば、日本にも地方によってその特徴を示す色や柄の織物があった。大島の泥染め、黄や鳶《とび》や黒の八丈紬、上田の縞紬、会津の紺木綿、山形の米琉《よねりゅう》、桐生や西陣のお召、越後の上布や縮《ちぢみ》、同じ絣でも倉吉、弓ケ浜、広瀬、備後と、その土地に結びついた織物は、一目でわかったのである。

いま、それらの特色をとどめるものが、いったいどれだけ残されているだろう。

「純粋でないから」とホセが言ったとき、私は彼の話をほんとうかしら、と疑っていた。

しかし、はるばる恐山までたずねていったホセの黒い瞳を思い出すとき、土着とか民族という言葉が重なって浮んでくる。

あとがき

時と所を得て、長年あたためていた随想が一気にまとまった。

本腰をいれて、きものの仕事をするようになって、十五年経つ。

原稿を書くにつれ、（実にいい人たちにめぐりあった）という感懐が湧きおこってきた。

大塚末子先生の秘書としての就職のきっかけを作ってくれた武田百合子さん、きものへの目を開かせてくださった大塚末子先生、同じきものの道の大先輩で温かい励ましをくださった木村孝先生と河上徹太郎夫人。そのほか、一人ひとり挙げることはできないが、たくさんの方がたに支えられて、ここまで来たという思いが深い。

過去を振り返ることのできる人生の折り返し地点に立ついま、この本が出版されるにあたって、喜びと懼《おそ》れに溢れている。

一九七九年暮

付記

四十年あまり前、どん底にあった私はある日、偶然にもTBSブリタニカ（CCCメディアハウスの前身）の〝歳時記シリーズ〟の広告を見た。

一流の著者の名も見られるのにおそれげもなく、それなら〝きもの歳時記〟も必要と思いついて、やみくもに書いた原稿を送りつけた。

意外にも無名な私の原稿は採用され、立派な本となった。

それればかりか、毎年増刷され、知らない読者から多くの感想文をいただき、心も懐も潤ったうえ、この本がきっかけで仕事の範囲も広がった。

しかし五十年にわたって収集した資料（きもの・書籍）を抱え、どうしたものかと思案する一方、（まだまだ書きたいことが山ほどある）と現在、乏しくなった原稿用紙を抱えて心穏やかではいられない。

二〇一七年春

山下悦子

著者　山下悦子

きもの研究家。1929年東京生まれ。本名中嶋悦子。日本女子大学国文科中退。大塚末子きもの学院院長秘書を経て、山下悦子のきもの教室、茶道教室主宰。著書に『きもの春夏秋冬』『茶席のきもの』などのほか、雑誌『美しいキモノ』に約40年間にわたり寄稿。現在は、文筆のみ。

※本書は1980年にTBSブリタニカから刊行された『きもの歳時記』の新装版となります。

JASRAC 出 1702562-701

新装版
きもの歳時記《さいじき》
2017年３月30日　初版発行

著　者――山下悦子
発行者――小林圭太
発行所――株式会社 CCCメディアハウス
〒153-8541　東京都目黒区目黒１丁目24番12号
電話　販売　03-5436-5721
　　　編集　03-5436-5735
http://books.cccmh.co.jp

印刷・製本　慶昌堂印刷株式会社

Printed in Japan　ISBN978-4-484-17212-5